JN129268

あなたがそこで生きる理由（わけ）

人生の使命の見つけ方

高橋佳子

たとえ数千名の方々に講演するときも、著者が語りかけるのは、この世界で誰１人同じ人はいない「あなた」という存在。そこでは、魂の次元に到達する深い交流が起こることが少なくない。だからこそ、想像もできなかった新たな人生を生き始める人が次々と生まれている。

あなたがそこで生きる理由（わけ）

人生の使命の見つけ方

高橋佳子

目次

プロローグ

1章 永遠の路――人生は自ら完成をめざす

2章　必然の扉――「現実」が行くべき道を教えてくれる

3章　次元の鍵――「心」の進化が世界を変える

4章　運命の梯——魂は目的地を探す

5章 存在の解——あなたの使命を発見する

（本文・口絵写真のキャプション／文責・編集部）

プロローグ

「誰でもいい社会」に向かう私たち

つい先頃、人工知能が囲碁の世界チャンピオンに勝利したというニュースが世の中を賑わしたことを記憶している方も少なくないでしょう。それ以前に、チェスのチャンピオンも、将棋の名人も、すでに人工知能に敗れていました。

かつて「機械には決められた作業はできるけれど、複雑なことは人間でなくちゃね」と言われていたことが嘘のようです。今では、「機械に置き換えられない人間のはたらきなんて本当にあるのか」ということが話題になるくらいです。

車の自動運転システムも、多くの世界的企業が莫大な予算を注いで取り組み、すでに公道での試行実験を始めているところもあります。

それだけではありません。今や、医療の鑑別診断、新しい料理の考案、作曲、ニュースの作成、学生の進路相談、コンピュータのヘルプデスクまで、人工知能がこなすようになってきました。

世界経済を大きく左右する金融や株式市場の取引は、すでに人間の手を離れ、コンピュータのアルゴリズム（定式化した算法）によって行われています。それは、1秒にも満たない時間の中で、何万回もの取引を成立させてしまうのです。良し悪しは別にして、とても人間にはできない業です。

私たちの社会は、誰がやってもいいように、可能なら、人間でなくてもできるようにすることによって、めざましく発展してきたと言えるのではないでしょうか。

人間がつくりあげてきた「システム」は、人に依らないしくみとも言えます。つまり、「誰であっても」そのはたらきが持続するようにつくられているのです。

会社や団体などの「組織」もそうです。どれほど素晴らしい手腕を持つ人材も、時が経てばいなくなります。誰が代わりにやってきても、その役割を果たせるようになっているのが「組織」というものです。

「あなたは、この会社になくてはならない人だ」と言われていた人が、リタイア後、何事もなかったかのように会社が回っているのを見て寂しさを覚えるというのは、まさにこのことでしょう。

もちろん、優れた人材を失うことは痛手であり、少なからぬ損失です。しかし、そうした変動をできる限り小さくしようとしているのが、人に依らないシステムというものです。

おもてなしを大切にする接客業でも、マニュアルや仕事の標準化によって、「誰でも」きちんと接客できるようにすることが重要になっています。

今日の人間活動のほとんどは、そうした標準化と自動化によって支えられていると言っても過言ではありません。

極言するなら、私たちの社会は、「誰でもいい社会」に向かっているとさえ言えるのではないでしょうか。

「誰でもいい社会」は、多くの人を受け入れることができます。

様々な違いを抱えた人たちが、いろいろな組織に身を置くことができます。途中で辞めても、途中から入ってきても、入れ替え可能だから大丈夫。職場で多くの人と一緒に働いている人なら、そのことを実感されているはずです。

「誰でもいい社会」が、多くの人に仕事と生活の糧をもたらし、幸せの土台を築いたことは、否定しようのない事実です。

だからこそ「あなたでなければならない人生」を生きてほしい

けれども、「誰でもいい」とは、あなたでもいいし、あなたでなくてもいいということにほかなりません。

「誰でもいい社会」を志向する流れの中に埋没してしまうなら、私たちは、つい1つの歯車になろうとしてしまいます。無意識のうちに、「自分でなくてもいい自分」「あなたでなくてもいいあなた」を生きることになってしまうのではないでしょうか。

しかし、それは大問題です。

なぜなら、「自分でなくてもいい自分」「あなたでなくてもいいあなた」など、どこにも存在しないからです。そして、本当は誰もが、「自分でなければならない人生」「あなたでなければならない人生」を求めているはずだからです。

「誰でもいい社会」に向かっている今だからこそ、私たちは、「自分でなければならない人生」を、一層切実に追求してゆかなければならないのではないでしょうか。

あなたがあなたとして生きている日常——。

もし、それが、取るに足らない平凡な現実にしか見えないとしたら、あなたは、「誰でもいい社会」の中で、「あなたでなければならない人生」を見失っているのかもしれません。

考えてみていただきたいのです。

あなたをつくりあげているものの総体。それは、想像を絶するほどの事実の集積であり、その精緻さは驚嘆に値するものでしょう。

肉体1つとっても、それは、生命の神秘に彩られた膨大な数の細胞といくつもの器官が、宇宙を貫く均衡の法則に支えられて、奇跡のような生命活動を続けています。

それだけではありません。

あなたが経験してきた無数の出会いと出来事は、どれほどのものだったでしょう。

生まれ育ちの中にあった人生の条件と、そこから生まれた試練と挑戦——。

1日1日にもたらされた現実。そこにどんな希望と失意が生まれ、そこからどんな歩みが始まったでしょう。あなたが関わってきた数え切れないほどの人々。そこにどれほどの信頼と友情が生まれ、葛藤が生まれたでしょう。

あなたとまったく同じ現実を経験してきた人など誰1人いません。そして、その事実の1つ1つ、それらのすべてによって、今、あなたはあなたになり、あなたはそこにいるのです。

重要なことは、あなたという存在を組み上げてきた事実の1つ、人間の1人が欠けても、まったく同じあなたには決してならないということです。あなたがあなたになるには、失敗も成功も、プラスもマイナスも、好きな人も苦手な人も、そのすべてが必要だったということ――。

そして、今度は、こう考えてみていただきたいのです。

もし、あなた自身が、そこからいなくなったらどうなるのか――。

あなたがいることで生まれた現実。
あなたが関わったことで現れた変化。
あなたが力を尽くして開いた、人とのつながり。
そして、あなたがそこにいることで、未来に生まれてくる新たな現実。
そのすべてが一瞬にして消えてしまうのです。
あなたと一緒に消えてしまう事実のすべて――。それが指し示しているのは、いったい何なのでしょうか。

その答えは、一言で言えば、**今、示される、あなたの存在理由。**

それこそ、「あなたがそこで生きる理由」――。

「あなたがあなたでなければならない人生」がそこにあります。

あなたにしか果たせない使命がある

当たり前のように生きている「私」。

ごく自然に繰り返される日常。

実は、その奥には、あなたがまだ知らない深い意味と必然が息づいています。

それは、あなたがこれまでの人生で経験してきたすべてと結びついています。この人生だけではなく、もっと昔、あなたの記憶にない、遥かな過去にもつながっているのです。

あなたは、この世界にただ1人の存在。同じ人間は、ほかに1人としていません。

あなたには、誰も否定できない、確かな「存在理由」があります。

言葉を換えれば、「あなたにしか果たせない使命がある」ということです。そのことに気づいたとき、あなたの意識、あなたの日常、あなたの人生は、根本から劇的に一変するでしょう。

それは私自身の実感であり、確信でもあります。

「こんな未来が来るなんて、考えたこともなかった」

「自分が本当にこうなるなんて、今も信じられない」

私が人生を伴走させていただいた方々の実際の言葉です。その変貌は、考えることも、思いつくことさえできなかった新たな未来だったと、万に及ぶ方々が口々に語られているのです。

この本は、あなたが、あなただけの「使命」を見つけるための本です。

「使命」とは、国や人々を救ったり、新たな時代を先頭に立って切り開いたりするようなものだけではありません。地域でも、職場でも、家庭でも、あるいは様々な人とのつながりにおいて、なくてはならない役割——。**人生の中で、あなただけが果たせる「使命」が必ず存在しているのです。**

本書には、異なる個性を抱いた5人の人物が登場します。ぜひ、その方々とご自身を心の中で重ね合わせながら、読み進めていただければと思います。

その1人、あるいは複数の人の中に、あなたはきっと自分自身の姿を発見することができるはずです。

そして、本書を手がかりに、自らの「現実」を問い直し、「心」の深層を紐解き、「魂」の秘密を尋ねてゆく中で、あなたは、今、ここで生きている「理由」、自らが果たすべき人生の「使命」を確かに手にすることができるに違いありません。

2017年9月

高橋佳子

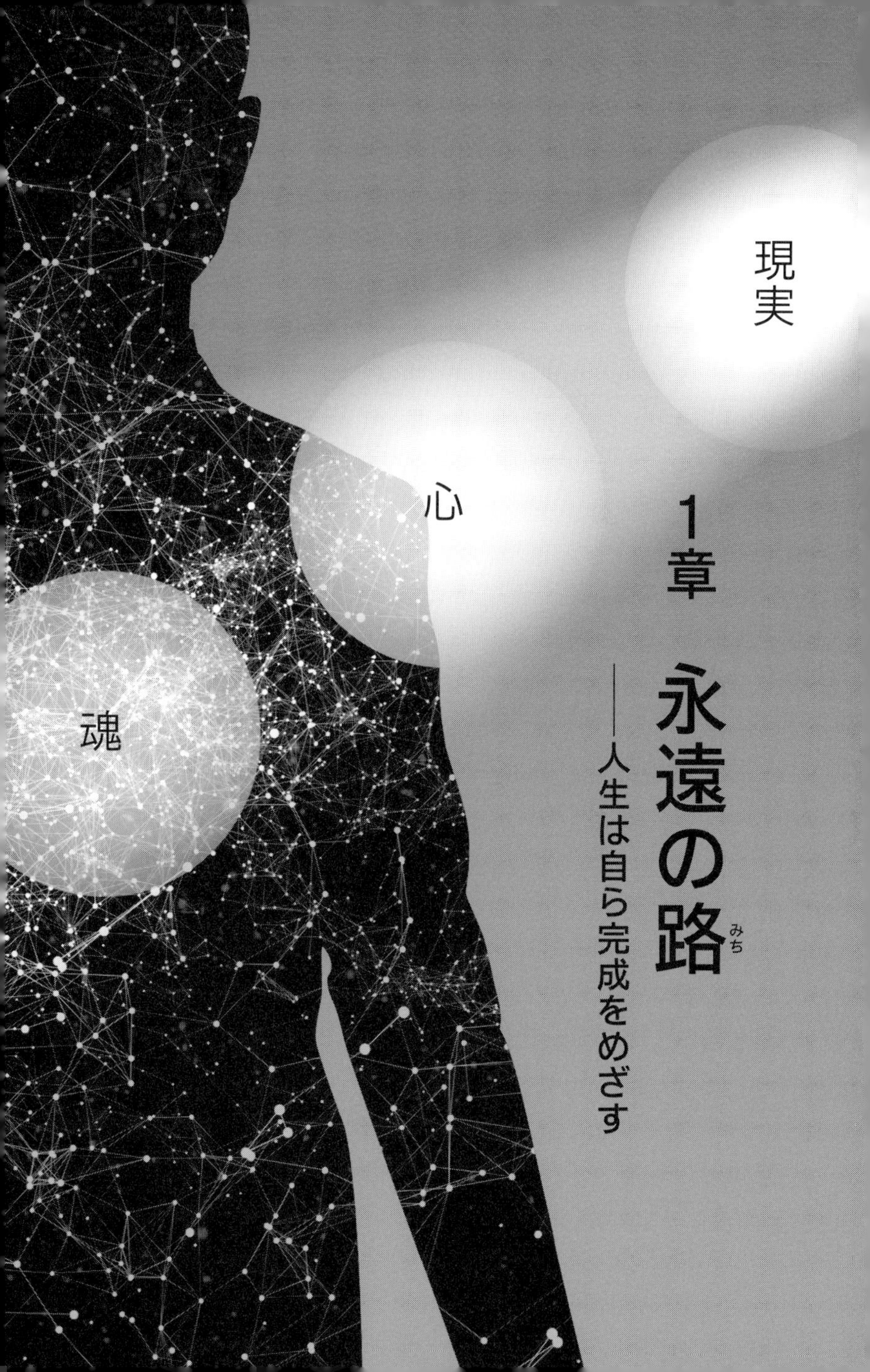

1章 永遠の路(みち)

——人生は自ら完成をめざす

生まれ育ったままの私たちは
内なる混沌の海を抱えている。
何も知らない心で人生を歩むなら
いつしか、数え切れない現実の断片が散らばって
人生もまた、混沌の海と化してしまうだろう。
何がどこにあり、どこへ向かうべきかもわからない——。
しかし、「魂の人生観」という1つの秩序がもたらされるなら
霧は晴れ、混沌の渦は消える。
往くべき航路が現れ、目的の港が明らかになる。
人生は自ら完成をめざすのである。

人生の星座

あなたは、満天の星を見たことがありますか。

都会から離れた夜空は空気が澄みわたり、まるで星屑が全天に敷き詰められたかのように光り輝きます。最初は、あまりに圧倒的な数のために、混沌とした光の海のように見えるでしょう。

しかし、星座を知っている人なら、その無数の光点の中から、いくつもの図形が浮かび上がってきます。柄杓を想わせる北斗七星、Wの文字が浮き上がるカシオペア座、くびれた臼型に三ツ星があるオリオン座……。

1度、その輪郭が浮かび上がると、夜空は混沌の海ではなく、確かな秩序と意味をもった星座のパノラマに変貌するのです。

それは、私たちの人生も同じなのではないでしょうか。

人生には、次から次に出会いがもたらされ、出来事がひっきりなしに起こります。30年、40年と人生を生きてきた人なら、すでに数え切れないほどの出会いと出来事を経験してきています。もし、私たちが経験してきたすべてを、辺り一面に散らしたら、それは、夜空の星々にも劣らない出会いと出来事の海になるはずです。

人生に起こる出会いや出来事は、一見、何の脈絡もなく、私たちがたまたまそこに居合わせただけのように見えます。

しかし、**出会いや出来事の全体を夜空の星々のように眺めていると、無関係に思えた1つ1つが1本の糸でつながり、そこに星座が浮かび上がってくることがあります。私たちの意図や計画とは無縁に見えた日々の集積が、人生の星座を現そうとするのです。**もし、人生の法則を知っているなら、さらにそれを見つけやすくなるはずです。

映画監督のスティーブン・スピルバーグ氏は、かつてインタビューでこんなことを言っています。

「自分は映画の可能性を求めてその都度その都度、まったく異なるスタイルでやってきた。でも今、振り返ってみると、そこには1つのテーマがあることがわかってきた。それは、引き裂かれた家族が再び結び合うというものだ。ようやく今になって自分のことが少しわかってきたところだ」

アップル創業者の故スティーブ・ジョブズ氏も、晩年、スタンフォード大学の卒業生へのスピーチの中でこう語っています。

――学生時代、養父母の蓄えを自分の学費に費やしたくないという理由で大学を退学したものの、そのまま大学内にとどまり、友人たちの寮の部屋に泊めてもらいながら、純粋に自分の興味関心にしたがって授業に出席し、楽しんだ。その中に、将来何の実用性もあるとは思えなかったカリグラフィー（西洋の文字芸術）の授業もあった。しかし、10年後、マッキントッシュというコンピュータをつくったとき、それが蘇ってきた。その結果、世界で初めて複数の書体を持ち、文字を美しく表示し、印刷できる最初のコンピュータが生まれたのだ。

もし、自分が大学を中退していなかったら、カリグラフィーの授業を受けていなかっただろう。そして、パソコンは現在のように素晴らしい文字表示機能、印刷機能を備えることはなかったかもしれない。――

そして、ジョブズ氏はこう言うのです。

「先を見通して点をつなぐことはできない。振り返ってつなぐことしかできない。だから、将来何らかの形で点がつながると信じなければならない」

この2人だけではありません。後で振り返ってみると、**「あのことがあったから、今の自分がいる」「あの出会いが自分を導いてくれた」「まるで1本の糸によって、バ**

ラバラな出来事が1つにつながっているように見える」――そういう実感を持っている人は数多くいるのです。

本当の人生を生きるための「魂の人間観」

私は、そうした必然の糸をつないだ数え切れない人生に伴走してきました。

その中で、未来を左右するような多くの分岐点や試練に共に向き合い、現在も、そのような切迫した状況に、昼夜を問わず立ち会わせていただいています。

そのようなとき、私は、必ず、祈りとともに、何を選択すべきなのか、どうすれば最善の道が現れるのか、限界まで集中して自らの心と魂に尋ねてゆきます。

具体的な方策や手立てを模索すると同時に、全体と部分がカチッと1つになるような、ジグソーパズルのワンピースを探し続けるのです。

行くべき道が、直接、心に降りてくることもあります。また、自分自身の深奥からメッセージを受け取ったり、祈りや瞑想の中で、明らかなヴィジョンを与えられたりすることもあります。その都度、1つの選択を実行したり、当事者の方に助言としてお伝えしたりしてきました。

そのときのただ1つの選択が、後に――ときには何年も経ってから、周囲の様々な状況にとっても、その後の推移にとっても、なぜ、あの選択でなければならなかったのかということが明らかになる。あたかも幾重にも組み合わされたパズルを解くための唯一のピースであったことがわかる。そういうことが数え切れないほどあります。

私にとってはそれが日常であり、それだけに世界は常にそうしたつながりの中にあることを実感せざるを得ないのです。

そのつながりを生み出し、支えるものこそ、私たち人間がこれまで神と呼んできたものの正体――。それは人格的な姿ではなく、宇宙意識、サムシンググレート、大いなる存在としてあり続けるもの……。

その**大いなる存在は、いつも私たちに、真に必要な気づきや発見を与え、次のステージに導こうとしているのです。**

そして、そういうつながりの世界をもともと知っているのが、私たちの本質である「魂」です。

つまり、**私たちが本当に意義深い人生を生き、最善の道を開くためには、「人間は**

魂の存在である」という人間観に立つことが何よりも重要だと私は思うのです。

もちろん、「魂」のことを理解するのは、現代人にとって容易ではありません。科学的世界観の中で生きている私たちは、人間を物質的な次元で説明することがあまりに当然になっているからです。「人間は遺伝子を基とした物質の集積体である」。あなたも、そういう人間観を抱いているのではないでしょうか。

しかし、その人間観で生きるなら、私たちは、大切な何かを失ってしまいます。

たとえば、この世界は偶然に支配されていて、いろいろな出来事は偶然起こるものだし、私だって偶然生まれ、たまたま今の自分になったのだという感覚……。

そんな偶然の世界の中では、人生に必然の糸を見出すことは無理な話です。「何のために生きるのか」「今をどう生きるべきなのか」という根本的な問いを追求することもできません。

「魂」と聞くと、何か得体の知れないものを想像する人もいるかもしれません。けれども、「魂」の本質は、決してそういうものではないということを知っていただきたいのです。

人間は「3つの次元」を生きている

「魂」とは、人間を人間たらしめている、もっとも中心にある本質であり、心の奥底にあるエネルギーの源です。

私は、その「魂」を「智慧持つ意志のエネルギー」と呼んできました。

それは、私たちに志や願い、ものごとの青写真や理想を与え、「何のために私は生きているのか」「人間はどう生きるべきか」という問いに対する解答をもたらしてくれるからです。

私が提唱する※「魂の学」の大前提は、誰もが「現実」「心」「魂」という3つの次元を重層的に生きている存在だということです（図1）。

私たちの目の前にある「現実」は、偶然にやってきたものではありません。それは、私たちの「心」の現れであり、「魂」の問題を呼びかけている。どんな「現実」も、「心」

※「魂の学」とは、科学を代表とする、目に見える領域だけを扱う「現象の学」に対して、見える次元（現実）と見えない次元（心・魂）を合わせた領域を扱う理論と実践の体系をさす。

3つの次元

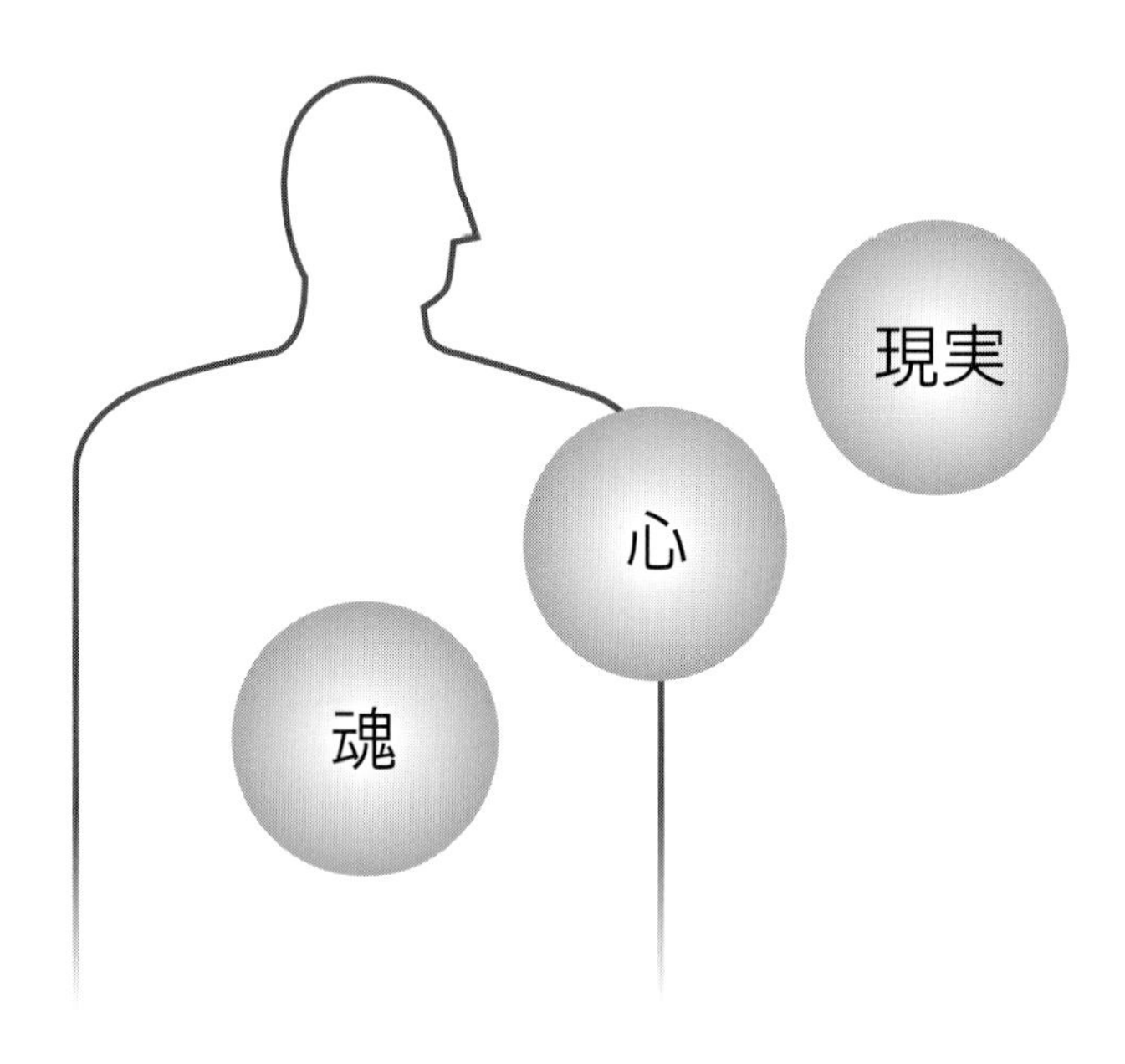

図１

「魂」とつながり、人生のテーマと結びついているのです。つまり、あらゆる「現実」には、「心」「魂」とつながる意味がある――。

「人間は魂の存在である」という人間観に立つならば、私たちは、必然の世界で重層的な意味に応えて生きることができます。あなたも例外ではありません。

これから、ある方の人生の足跡を紹介します。ぜひ、この「魂の人間観」を心に置いて、その歩みを一緒に辿っていただきたいと思います。

制御不能のエネルギー

「俺の言うことが聞けんのか!」「そんな目で見るんじゃない!」

突然、怒声が響き、辺りが一瞬にして静まり返る。

ものが投げつけられ、砕け散る音――。

気がつくと、そこにあるものを辺りかまわず壁に向かって投げつけている。

1度怒りのスイッチが入ってしまうと、なかなか止められない。

反骨・癇癪・短気・乱暴・奔放・無鉄砲。そんな暴力のエネルギーに振り回され、どこに行っても壁にぶつかり、傷だらけ――。

これは、大阪で不動産と法務関係のコンサルティング事務所を経営されている檜皮浩連さんのかつての姿です。檜皮さんは、現在、市井に生きる人々の困りごと、特に相続や不動産に関わる問題解決に尽くしていますが、15年前までは、こうした怒りのエネルギーに突き動かされていたのです。

そのため、檜皮さんは、大変な人生の紆余曲折を経験されてきました。

いいえ、曲折という言葉ではとても表現しきれません。自分でも予測不能で、まったく予期せぬ方向に進んできたと言っても過言ではないのです。

一瞬のうちにどこに行ってしまうかわからない暴発と錯綜。周囲を巻き込み、自分も切り裂いてしまう激しさ。それは、檜皮さんにとって、「制御不能のエネルギー」としか言いようのないものでした。

ところが、檜皮さん自身は、その怒りのエネルギーの正体が何であるのか、皆目見当がつかなかったのです。

その一部は、すでに小学校2年生のときに現れていました。抑えがたい想いから、学校のガラスを素手でたたき割って血みどろになり、周りの人たちも、手のつけられない状態になってしまったのです。

その暴流は、成長してもそのあとも変わることはありませんでした。

就職してからも、暴力的な言動が止まらない。怒りのスイッチがいつ入るかわからない。スイッチが入ってしまったら、もう止められない。まさにコントロール不能だったのです。

人生放浪の日々

やがて檜皮さんは自分が嫌になり、人生のすべてが嫌になり、その気持ちに苛まれるようになりました。

何で自分がここにいるかわからない。

じっとしていること自体が堪えられない。

日本にいるだけで息が詰まりそう。

そして、25歳のとき、ついに我慢しきれなくなって、日本を飛び出しました。今の状況から逃げ出したかったのです。行くあてもなく、中国行きの船に乗りました。
しかし、1週間のつもりが1カ月となり、半年となりました。バックパック1つを背負って見知らぬ土地を旅することは、堪えがたい重圧を忘れさせてくれたのでしょう。

当時、放浪したアジアの国々の物価は驚くほど安く、数十万円あれば、現地で1年から2年、旅を続けることができたと言います。

日本でしばらく働き、少しのお金を貯めた後、資金が続く限り、海外をめぐる。資金が尽きると日本に戻り、また働いてお金を貯める。檜皮さんは、そういう生活を続けてゆきます。最初は中国から、続いてパキスタン、インド、ネパール、チベット、タイ……。こうしたアジアの諸国を約10年にわたって放浪することになったのです。

当初、檜皮さんの心の中にあった想いは、こうでした。

もうどうでもいい。すべてを捨ててやる。こんな人生ともおさらばや。怖いものなんか何もない。無茶苦茶してやる――。

中国でのことです。そんな想いを抱えながら、現地の人と乱闘騒ぎになったことがありました。最後、相手は檜皮さんに向かって拳銃を発砲。弾はそれたものの、危うく命を落とすところでした。

そうかと思うと、インドでは、ガンジス川のほとりのヴァーラーナシー、シュリナガル、チベット仏教文化の拠点のダラムサラ、コルカタ、ブッダの生誕地ルンビニ、悟りの地ブッダガヤなどを巡りながら、それでもできるだけ都市部を避け、一般の旅行者が行かないような秘境を選んで放浪の旅を続けていました。

檜皮さんは、自分に本当の答えを与えてくれる指導者を求めていたのです。


「人間は死ぬことが決まっているのにどうして生きるのか」

「本物の自由とはどういうものか」


聖なるものは、ヒマラヤのように空気の清浄な場所や人間が汚していない場所にある。そこに、悶々と続く苦しみを解決してくれる人がいるのではないか——。檜皮さんは、その聖者を探しました。

ヒンドゥー教社会では、人生を4つの時期に区切ります。学生期、家住期、林住期の後、遊行期を迎えると、森にこもって禅定修行をしていた修行者は、最後、自らの死に場所を求め、説法をしながら各地を托鉢して回るようになります。

地中に埋まって首だけ出している行者。大樹の下でじっと何日も動かずに止まっている行者。何もないところに物質化現象を起こす行者。眼力があり、髭が伸びて貫禄のある修行者にも出会いました。

「この人かもしれない」と思う人物に出会うと、ついてゆき、寝食を共にして確かめることもありました。

しかし、しばらくすると、話していることと実際の行動に矛盾が見えてきて失望し、袂を分かつということの繰り返し……。檜皮さんは、残念ながら、聖者を見出すことはできませんでした。


そうした生活を続けるさなか、28歳のとき、檜皮さんは、高校時代からの彼女とパキスタンで結婚し、ほどなく息子を授かることになります。

その後、ちょうど日本に戻っていた29歳のとき、阪神・淡路大震災を経験。一瞬のうちに、人間がつくった都市の伽藍が脆くも崩れ去り、多くの人が人生で積み上げてきたものが失われてしまいました。

そのとき、檜皮さんの中から湧いてきたのは、何とも投げやりで虚無的な想いでした。

「どうせ世界は破滅する。だったら好きに生きたい。都会はもう終わっている。どうせなら田舎で暮らしたい」

何か目的があったわけでも目算があったわけでもありません。

生まれ育った大阪からできる限り遠く離れたいと、北海道のニセコ町に拠点を移すことにしたのです。

そこで半農半工生活を始めた檜皮さんは、オカリナの製作に挑戦します。

またたく間に職人としての腕を磨き、大手の楽器店ばかりでなく、演奏家からも直接注文が入るようになりました。やがて自分でも演奏するようになり、北海道の新聞社からオカリナ教室を開いてほしいと要請されるほどの腕前になっていました。さらにインドのシタールという琴に似た楽器も弾きこなし、インド音楽を通じた関わりも生まれ始めました。

経済的な目処が立ったことで、檜皮さんは、音楽で身を立ててゆくことを真剣に考えていたのです。

「魂の学」への必然——もう限界だった

しかし、その一方で、檜皮さんが抱えていた内なるエネルギーの問題には、一向に解決の兆しが見えませんでした。

平穏な日々が続いていたかと思うと突然、怒りが暴発する——。自分のことでありながら、自分でどうすることもできない。内なる心の世界は、茫漠とした混沌の渦のようなものだったはずです。

たとえば、アジア諸国を放浪していたとき、「もうどうでもいい！」とすべてを投げ出すような闇のエネルギーが渦巻いている一方で、自分に本当の答えを教えてくれる師を求めさせた光のエネルギーもありました。しかし、それらは混在、混濁して捉えようがなかったのです。心の中に入る扉を探しても見つからず、ようやく見つかっても、鍵穴に合う鍵がどこにあるのかわかりませんでした。

やがて、檜皮さんの内から湧き上がるすさまじい怒りは、妻や息子という大切な家族に向かい始めます。とりわけ深刻だったのは、幼い息子に対する怒りでした。

自分の言うことに従わないと、抑えがたい怒りに突き動かされて、ものを投げ、壊す。その荒々しさに息子が怯えると、さらに怒りが増幅。自分のことを受け入れていないと感じ、制御不能のスイッチが入ってしまうのです。

「何やその目は！　俺に文句あるんか！」

そうなると、もう怒りを止めることができません。

そのとき、初めて檜皮さんは、自分の内側に渦巻く怒りのエネルギーをもうこのままにしておくことはできないと切実に思うようになりました。いつか大変な事件を起こしてしまうのではないか……。檜皮さんはそんな恐怖を感じていたのです。

何とかしようと、いくつかの宗教の門を叩いてみたこともあります。しかし、答えを見出すことはできませんでした。

内観の道場にも足を運びました。朝から晩まで、屏風で囲まれた畳半畳のスペースにこもって自分と向き合い、「していただいたこと」「して返したこと」「迷惑をかけたこと」を振り返る中で、感謝の想いが湧き、気持ちが落ち着いてくることがありました。「怒りも感謝に変わった。これで幸せになれる」と期待が膨らみました。

しかし、**一時は収まったと思っても、普段の生活に戻ると、元の木阿弥……。破壊的なエネルギーの暴流は、どうにもならなかったのです。**

１９９７年のことです。旅の途中で、長男が野良牛同士の喧嘩に巻き込まれ、石の角に頭をぶつけて、骨に穴があく大ケガをしました。医師から日本に帰った方がよいとアドバイスされたこともあり、檜皮さんは、放浪の旅を終え、日本に定住することを決心します。

その出来事は、明らかに檜皮さんへの呼びかけ――。放浪の旅に終止符を打つ時だと促されていたのです。

人間は魂の存在

一家が日本の北海道に戻った４年後の２００１年、檜皮さんの危機感は限界に達していました。

そんなある日、片づけをしていると、偶然、本棚から１冊の本が落ち、手にしたのが「魂の学」の本でした。かつて知人から贈られたものでしたが、きちんと読むことも、捨てることもできずに本棚の片隅に置いてあったのです。何気なく読んでみると、驚きました。そこには、檜皮さんが知りたかったことが書かれていたからです。

人は、永遠の生命を抱く魂の存在——。私たちが生きる世界は魂を磨く修行所。試練や挑戦は、魂を成長させ、人生に託された使命を果たすための介在である。自分が味わったどんな理不尽な現実も、魂の願いと目的を果たすための人生の条件として受けとめ、歩んでゆく——。

そのときの衝撃は言葉にすることができません。涙があふれて止めることもできませんでした。数ページ読んでは涙し、また数ページ読んでは涙する。すぐに他の本も取り寄せて読破しました。

さらに、その年の秋に開催された私の講演会にも参加しました。

講演テーマは、「受発色革命」でした。

「受発色」とは、「魂の学」で「心」のはたらきを示す言葉です。

人間の心は、受信（感じ・受けとめ）と発信（考え・行為）によって、現実（色）を生み出す。受信→発信→現実。その受信と発信を変えることで、私たちは新たな現実を創造できる。「怒り」も転換できるとお話ししたのです。

檜皮さんは、あっけにとられていました。明確に示される人間の内界の法則に、「ああ、そういうことだったのか！」と目の前の霧が晴れるようでした。

「求めてきた答えがここにある」と確信し、「インドで聖者を求めて放浪していた日々は、いったい何だったのか」と思ったのです。

檜皮さんは、さらに根本的な解決に向かうために、「魂の学」によって、怒りのエネルギーの所以、それが生まれてきた背景を知ることに向かいます。その「心」がどうつくられてきたのか、「心」の土台を洞察する歩みです。内界を知り、それを洞察しない限り、怒りのエネルギーを理解し、浄化して、「心」を立て直すことはできないからです。

不自由をつくる人生の条件——3つの「ち」

「魂の学」では、私たちの「心」は、「魂」と「肉体」が出会うことで生まれてくると考えます(図2)。「魂」が抱いている光と闇のエネルギー、「肉体」の遺伝子、そして人生の生い立ちから流れ込んでくる3つの「ち」によって、形づくられるのです。

ここで私たちが向き合うのは、3つの「ち」。生まれたら、誰もが引き受けなければならない人生の条件です。

魂の人間観

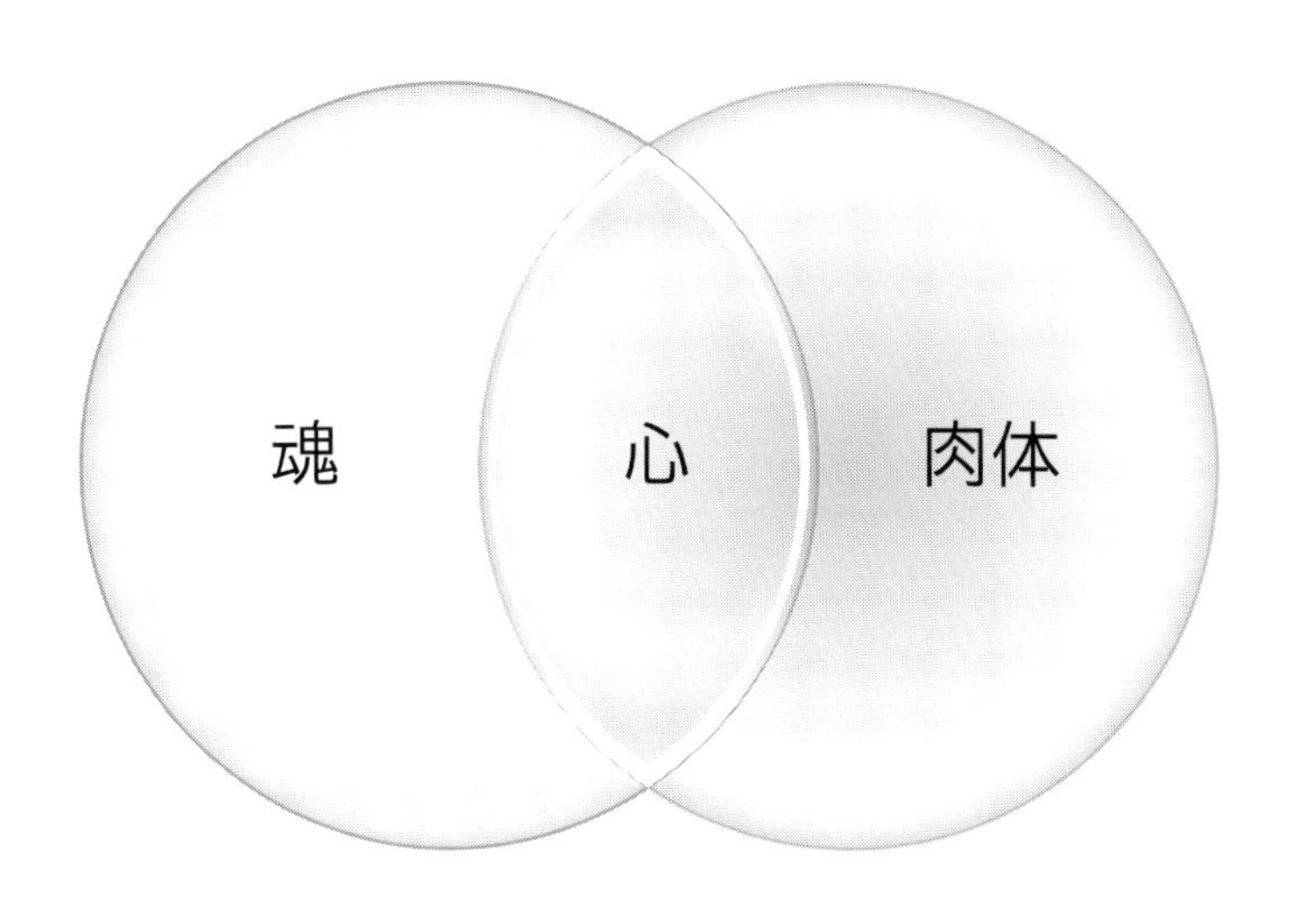

魂と肉体が出会うことで心が生まれてくる

図 2

3つの「ち」とは、「血」「地」「知」（図3）――。

「血」は、両親・家族から流れ込む価値観や生き方です。

生まれ落ちて最初に出会う両親・家族がどんな生き方を大切にしているのか。どんな尺度（しゃくど）を持っていて、どういう場面でどう語り、どう行動するのか……。それらを一番近くで見ているのが子どもです。

人の成長は、「まねる」ことが基本です。両親のものの見方、考え方、言葉、行動の仕方（しかた）を無自覚に吸収して育ってゆきます。まるで両親の価値観や生き方が自分に乗り移ったように動き始めます。両親が人や世間に対して信頼感（しんらいかん）を持っているか、不信感を抱いているかは、子どもに大きな影響を与えます。特に両親のつぶやき、投げかけられる言葉は、大きな支えになることもあれば、魂を押しつぶしてしまうような重（おも）荷（に）になることもあるのです。

この「血」について、肉体の遺伝子の影響も含めて考えることは大切なことです。また、嫁（とつ）ぐことになった家の影響も大きなものがあります。それは「地」でもありますが、ここでは、家族になることで引き受けた「血」の中に含（ふく）めておきます。

3つの「ち」

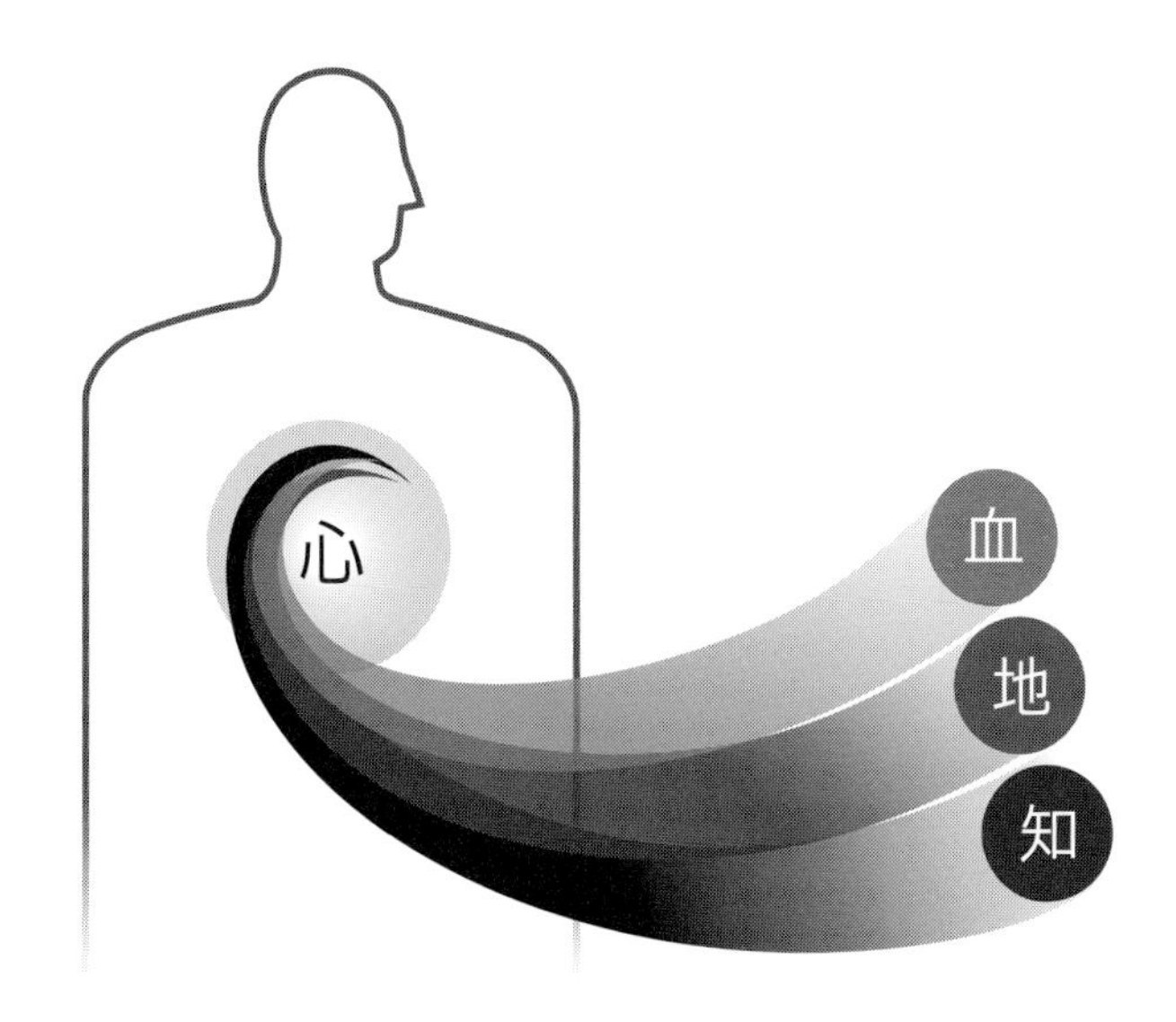

血：両親・家族から流れ込む価値観や生き方

地：地域・業界から流れ込む前提や慣習

知：時代から流れ込む常識や価値観

図３

「地」は、地域や業界から流れ込んでくる前提や慣習です。

テレビやインターネットの普及によって、情報の均質化が進んだ現代では、「地域」の影響力は失われている側面もあるかもしれません。しかし、1人ひとりの生活は、それぞれ特色のある地域に根ざしています。そこで、よく語られる言葉、生き方の前提や慣習、価値観は、深いところに染みついているものです。働く場所である「業界」の影響も同様に根強く、無自覚に染まっている部分が必ずあると言えます。

「知」は、時代から流れ込む常識や価値観です。

20年、30年が過ぎれば、時代の色合いは大きく変わります。流行はもちろん、言葉使いも変化し、ライフスタイルも変遷します。それゆえに世代間ギャップも生じます。社会全体が時代の影響を受けるため、「知」に対して自覚的になることは実に困難です。

私たちは、この3つの「ち」を吸収することによって、人間として生きることができるようになると同時に、大きな不自由に囲われてしまいます。

そして、3つの「ち」の影響は、同じ家族であっても、双子であっても、同じにはなりません。兄弟の順序や魂の個性によって、1人ひとり独自のものになるのです。

大好きだった父親を2度失った

檜皮さんは、特に自らの「血」について振り返ってゆきました。何よりも両親からの影響が大きいと感じていたからです。

小学校に上がる頃、両親は、毎晩のように大げんかをするようになっていました。激しい言葉が飛び交い、酔った父親が母親に手を上げ、檜皮さんの学校の教科書を破り捨てる――。

幼い檜皮さんにとって、それは世界が崩壊し、真っ暗闇に落ちてゆくに等しい現実でした。何の心配もなく安定していた天地が割れて、ガタガタと音を立てて崩れ落ちてゆく――。そのとき心に渦巻いた怖れ、不安は、言葉にできないほどのものでした。

やがて両親の間は修復不可能となり、離婚。

檜皮さんの胸は張り裂けんばかりでした。

それでも、家を出てゆく父親を何とか引き留められないかと考えました。檜皮さんは、父親のことが大好きだったのです。そんな父親がお酒を飲んで母親に手を上げることと自体、信じられない。何かの間違いであってほしかった――。

いつも「勉強して弁護士になれ」と口癖のように言っていた父親。

だから檜皮さんは、精いっぱいの勇気を出して父親にこう告げたのです。

「お父さんが出て行くんやったら、もう勉強なんかせえへん！」

そう言えば、家に残ってくれるかもしれない。何といじらしい行動でしょうか。

けれども父親は、家を出てゆきました。

檜皮さんの心の中で、何かが壊れました。

「もう勉強なんかしても意味はない。どうにでもなれ！」

心が半分欠けてしまった檜皮少年に、さらなる試練が襲いかかるのです。


それから1年にも満たないある日、母親が尋ねました。

「あんた、お父さん、要るか？」

もしかしたら、父親が帰ってきてくれるのかと思いました。

「要るに決まっとる」

ところが、しばらくして母親が連れてきたのは、見も知らぬ男性でした。

「今日から、おじさんが、君のお父さんや――」

「?」

檜皮さんは言葉を失いました。

突然、自分の首から上を他人の顔にすげ替えられたような衝撃だったのです。大好きだった両親の関係が悪化し、家庭が壊れ、父親が目の前から去って1年後、知らない他人が突然、新しい父親になる。

自分が望んだ現実は訪れず、望まない現実ばかりが次々に現れる。どうしてこんなことになってしまうのか……。

破滅的現実——あのオッサンさえいなければ

新しい父親に対して、檜皮さんは最初から反発心でいっぱいでした。そこに尊敬や愛情はありません。

養父も養父で、子どもたちの気持ちを思いやる優しい人ではありませんでした。反発してくる息子に応戦するかのように、布団の上げ下げから箸の上げ下ろしまで、振る舞いの1つ1つを厳しく注意しました。

連れ子だった檜皮さんたちを「自分が育ててやる」という気持ちもあったのでしょう。子どもたちに支配的に接することしかできなかったのです。

兵庫県の山間にある養父の家に移った最初の冬のこと――。寒さの厳しい地域にもかかわらず、檜皮さんと妹さんだけは外気が入り込む、小さなストーブしかない部屋をあてがわれました。妹さんは、足がしもやけになって腫れ上がり、靴が履けず苦しみます。

次の年、檜皮さんが工作の時間につくった作品を持ち帰ったとき、養父は、「こんなつまらないものつくりやがって！」と、家の前の川に投げ捨ててしまいます。母親が川に入って拾ってくると、今度は、母親に暴力を振るうという始末でした。

大学に進学させてもらうこともできず、何かあれば、「何や、１つもまともなことができんのか」「お前はどうしようもないクズや」と罵られる。

養父から返ってくる言葉は、「世の中、カネや」「他人が飯食わしてくれるんか」「おまえは間違うとる。わしが1番正しい」「わしが白や言うたらカラスも白や」……

反発心は、やがて憎しみとなってゆきました。檜皮さんが、うまくゆかないことのすべての原因を養父に押しつけたとしても不思議ではありません。

「あのオッサンさえいなければ……。全部、あいつのせいや」

いつしかそんな想いが心を支配するようになりました。

養父は自分の人生を台なしにした張本人になっていたのです。

家では、檜皮さんと養父の諍いが起こるようになりました。やがて、その諍いは度を超えたものになり、檜皮さんが養父に食ってかかると、養父は命の危険を感じて、台所から包丁を持ち出して凄む——。家の中はまさに修羅場でした。

それぞれが抱えていた問題が悪い方に悪い方に増幅し、収拾がつかなくなってしまったのです。

高校卒業後、一時、警察官になることをめざしていた檜皮さんは、拳銃の訓練のとき、「あの親父めー！」と叫んで撃っていたと言います。それを知った知人が警察学校に来て説得し、何とか学校を辞めさせたほどです。

やがて、檜皮さんは養父のみならず、自分で自分が嫌になってゆきました。そのエネルギーが、檜皮さんを人生放浪の旅に追いやることになったのです。

「魂の学」が混沌に秩序をもたらした

いかがでしょう。これが檜皮さんが辿ってきた人生の一端です。

どうにもならない理不尽な現実……。

かつて、実の父親の荒みを見ていた檜皮さんは、「自分の暴力は、病気が遺伝するように、父親からの肉体的遺伝だろうか」と思ったことはありました。

しかし、3つの「ち」を見つめる中で初めて、自分の怒りのエネルギーは、自らの生い立ち、実の父親と養父との関わりの中でつくられてきたことが、はっきりとわかったのです。

混沌として何も見えなかった内なる心の世界——内界に光が射し込みました。

幼い頃から理不尽な現実に直面してきた檜皮さんは、それらに1人で向き合わなければなりませんでした。見たくない現実も傷ついた場面も、つらい想いや理不尽な気持ち、恐れや不安もどこかに押し込めるしかない。混沌としたエネルギーの渦の底で、それらが地層のように堆積し、圧縮され、やがて想像を超えた反発の圧力を生み出したとしても不思議はありません。

そして、その強烈な圧力が、自分が大切にする家族を標的としてしまうことを檜皮さんは心底恐れました。

しかし、**その破滅的な混沌の渦に、人生の法則という1つの秩序がもたらされるとき、状況は一転、まったく変わってしまうのです。**

水の分子が集まって雪の結晶をつくるように、内界に構造が生まれ、無軌道だったエネルギーに流れが生まれます。さらにその流れが向かうべき目的地が現れます。

単に負のエネルギーが抑えられるのではありません。負のエネルギーが新たなエネルギーに転換され、めざすべき場所——ミッションまでが見えてくるのです。

内なる心に秩序が生まれると、外なる現実にも秩序が現れる。人生の星座が輝き出す——。檜皮さんに起こったのは、まさにそのことでした。

檜皮さんは、3つの「ち」を知ることによって、自分を翻弄してきたエネルギーの正体を掴むことができました。

もちろん、それだけではありません。

心に生じる様々な気持ちと向き合い、その気持ちの奥にある本心を見出すための拙著『新・祈りのみち』。自分の「心」の傾向を読み解き、光と闇を見きわめる力を育む※「煩悩地図」。訪れる現実に必然の糸を見出す「呼びかけに応える生き方」……。
その1つ1つがかけがえのない手がかりであり、力になりました。
しかし、それ以上に大きかったのは、それらを統合し、全体像を捉えるまなざしを学んだことだったと私は思います。

3つの「ち」という人生の条件によって不自由を抱えてしまうことは、誰もが避けることのできない「宿命」。しかし、私たちは、「宿命」にとどまることなく、そこから、世界の理に従うことによって本来の自分に近づき、自分にしか果たせない「使命」を生きることができる。

檜皮さんは、このような「魂の人生観」に強く心惹かれ、深く学んでゆきました。とりわけ、熱心に学んだのは「人天経綸図」という図像です。**人天経綸図とは、人と天が織りなす壮大な営み、大いなる存在・神から見える人生のありようを示したものです。**

※「煩悩地図」は、人間の心の傾向を「快・暴流」「苦・暴流」「快・衰退」「苦・衰退」という4つの回路で捉え、その制約と可能性を明らかにした心の地図。拙著『新しい力』『「私が変わります」宣言』参照。

檜皮さんを事務所に訪ね、対話する著者。かつての檜皮さんは、制御不能の怒りのエネルギーに突き動かされ、その暴力的な言動を誰も止めることができないほどだった。しかし、今はまったくの別人に生まれ変わっている。なぜそうなれたのか――著者は、檜皮さんが「魂の学」を学び実践してきた歩みを一緒に辿りながら、その秘密をさらに明かしていった。

その中で檜皮さんは、自分自身を、3つの「ち」によって不自由を背負い、「宿命」に囚われた1個の魂として受けとめてゆきました。

そして、そこにとどまるのではなく、世界を貫く理に生きる自分を確立して、「宿命」を「使命」に転じて生きてゆきたいと思えたのです。

自分のことだけではありません。他の人々も同じように、この人生のしくみの中で不自由にならざるを得ないのだ――。少しずつ、すべての人を1人の人間、1個の魂として受けとめることができるようになってゆきました。

その心境が深まるにしたがって、檜皮さんの中から、あの怒りのエネルギーが雲散霧消し、以前とはまったく違う檜皮さんが現れてきたのです。

それは、言葉を換えれば、檜皮さんが根底から癒やされ、本来の自分を取り戻しつつあるということです。何よりも大きかったのは、北海道時代から仲間と共に、毎週のように「魂の学」の研鑽ができたこと。檜皮さんはそうおっしゃっています。

定期的に「魂の人間観・人生観」に触れ、研鑽の前後に仲間の話を聞き、ときには自分の話を聞いてもらう。「魂の学」のまなざしを身につけつつある人々がどのように困難や試練を受けとめ、それに応えるのか。また、どのように人と出会い、その人生を受けとめるのか。それを言葉を超えて学び、親しみました。言うならば、**言葉にならない「魂の学」の文法を心身に染み渡らせる時間になったのです。**

そうした歩みを深める中で、檜皮さんは、本当の意味で癒やされてゆきました。**癒やされるとは、傷が治るばかりではありません。失われていた秩序が回復し、魂の本質が目覚めてゆくことです。**

輪廻する制御不能のエネルギー

檜皮さんが「魂の学」を学び始めてから5年が経った2006年。私は、檜皮さんの歩みを振り返りながら、こうお話ししたことがあります。

「檜皮さん、憶えていますか。あなたが30代半ばくらいのとき、北海道での講演会で、あなたは私に声をかけてくれましたね。自分の人生はこんなに変わったと伝えてくれました。そのとき、最初に私の心の眼に見えたのは、あなたの鬼の形相。養父の前にあなたが立ちはだかって、養父も殺されるのではないかと身構え、包丁を持って迫っていた修羅の光景でした。

あれから、何年が経ったでしょう。今、涙しながら、声をかけてくれたあなたの顔を見れば一目瞭然。あなたは本当に人生を変えてしまったなと思いました」

檜皮さんは、「はい、本当に人生が変わりました」と大きくうなずかれました。

「もし、あなたが、どうにもならない暴力を子どもたちに向けていたら、あなたも、あなたの家族もどうなっていたでしょう。あなたはどうしても、それをとどめなければならなかった。

考えてみるならば、その発端は、あなたのご両親の間の葛藤にありました。その中心にいたのは実の父親。実のお父様は、あなたと同じようにどうにもならない怒りに苦しんでいたときがありました。

その怒りの原因をつくったのは父親の父親、あなたのお祖父様です。お祖父様もまた、失意の人生を余儀なくされ、運命に振り回されていたのです。営んでいた鉄工所が倒産。工場を失ったことから、お酒にのめり込み、貧困の中で苦しんでいた家族を捨て、女性に走ってしまいました。

まだ高校生だったあなたの実父がその事実を知ったとき、『許せない』と思ったのは当然のこと。そして、その理不尽さに、底なしの怒りに捕らえられてしまいました。

非行に走り、お酒に呑まれた。暴力を振るうようにもなっていった。人が変わったように、荒みを強めていったのです。やがて家庭を壊し、その影響をそのまま受けることになったのがあなただった。そうですね」

「そうです。その通りです」

「そこには、3代にわたる、いかんともしがたい宿命の輪廻が回っているとしか言いようがない。内なる混沌が外なる混沌を生み出した。その輪廻を引き継いだ1人ひとりには、それぞれにやむを得ない状況があった。そうならざるを得ない理由があったということです。

もし、あなたが制御不能のエネルギーから自由にならなければ、あなたが恐れたように、子どもたちはそのエネルギーを引き継いでしまったでしょう。でも、あなたは、その輪廻の鎖を断ち切って、新たな現実を生み出した。それは本当に尊いこと。その歩みを大切にしていただきたい。いいですか、お願いしますね」

「はい、そのつもりです。必ずそうしてゆきます」

すでにそう決心していたというように、檜皮さんは応えてくれました。

「そして、もう1つ。その歩みを始めているのはあなただけじゃない。あなたの実のお父様は、家を出ていったことを本当に申し訳ないと思っている。心からあなた方に詫びていらっしゃる。そして、もう何年も前から、大阪で会計事務所を開いて、困苦を抱えている人々を助けようと、日々奔走されている。その想いは本当に純粋なものです。荒みだらけの心の奥に、人のことを大切に想うお父様がいたということ。お父様は、本当は人情深い方ですよ。そのことをぜひ、あなたに知っていただきたいんです」

檜皮さんは、自分の人生、実の父親や養父、母親の人生の切なさを想いました。人間が背負う人生の蹉跌、宿命の重さ――。そうならざるを得ない哀しさを想いました。そして、新しい1歩を踏み出さなければならないと強く感じたのです。

養父との関わりを結び直す

檜皮さんは、まず、養父との関わりを結び直さなければ、自分の人生は1歩も前に進まないと思いました。

先に述べたように、「魂の学」によって人生の法則を学び、3つの「ち」に基づいて、自らの過去を見つめることで、檜皮さんの人生に対する見方は大きく変わってゆきました。

人は皆、人生のしくみの中で、「宿命」の洞窟に陥らざるを得ないんだ。自分だけじゃなかった……。

憎しみを募らせた養父にも3つの「ち」が流れ込み、そうならざるを得ない人生だったことが、深く心に沁みてきたのです。

養父の生い立ちを知ると、幼い頃に父親を亡くし、父親という存在がどういうものかを知らずに育ったことがわかりました。

かつて、養父は「諸悪の根源」でしかなかった。しかし、考えてみるならば、他人の子を引き取って、自分の子として育てるということは大変なこと。自分なら、とてもできなかったのではないか。ふと、そんな想いが生まれるまでになっていました。

そうならざるを得ない人生――。そのまなざしによって、養父が養父になってくれたことだけでも有難いと、感謝の想いが湧くようになっていたのです。

それは、かつての檜皮さんを思えば、想像を絶する変化です。

しかし、檜皮さんは、その変化をここで終わらせてはいけないと思いました。

「養父に直接会って話をし、自分が間違っていたことはお詫びしたい」

檜皮さんはそう決心し、そのために1週間、自分の人生を振り返りました。

しかし、前夜になると、なかなか寝つけません。養父に会えば、解消したはずの怒りのエネルギーが暴発してしまうのではないか。その不安が暗雲のように心に広がっていたのです。

自分の願いと想いを紙に書き出し、何度も確認しました。

そして、明け方、うとうとしたとき、まるでメールを受信するように、檜皮さんは私からのメッセージを受け取りました。

それは、檜皮さんが養父に出会ったとき、何をどう伝えることが大切なのかを教えるものでした。それを手紙に綴るように促されたのです。

かつての自分はどういう状態だったのか。その後、数十年の時を経て、どう変わっていったのか。そして、今、養父に対する想いはどう変わったのか……。

自分自身を振り返りながら、心を込めて書きました。

檜皮さんは、それを指針として養父に出会い、手紙を読み上げ、まっすぐにお話ししたのです。

自らの半生をさんざん苦しめてきた怒りと恨み。絶対に許せないという想い――。

それが今、嘘のように溶け、まったく違う想いに変わっていました。

「自分にも父親にも、同じように降りかかる宿命の重さ。人間は何と哀しく、不自由なんだろう……」

その想いは、養父の心に沁みてゆきました。

養父は泣き崩れ、不可能と思っていた絆の結び直しがかなったのです。

養父は、目に見えるものしか信じない、筋金入りの唯物的な無神論者でした。

しかし、病床で死期が近づくにつれて、不思議な体験をします。

痛みを抱えていたとき、眼の前に突然、すでに世を去った自分の祖母が現れたり、神々しい光の玉が現れたりしたのです。養父はわが目を疑い、目を何度もぱちくりさせて、それが幻覚ではないのか確かめました。

しかし、その光は消えることなく、そこにあり、何とも言えない安らぎをもたらしました。次第に養父は、実在の世界（あの世）があることを、自然な気持ちで認めるようになりました。

そうした日々の中で、柔和で穏やかになってゆき、旅立ちの時を迎えたのです。

怒声と暴力ばかりだったあの養父と同じ人間だとはとても思えない。あまりの変わりように母親は驚いていました。夫の中に、こんな優しい夫がいたことを初めて知ったからです。

「人間って、本当に変わるんやね……」

檜皮さんは、そう語った母親の穏やかな微笑みを忘れることができません。

実父との協同

次に触れておかなければならないのは、檜皮さんの実の父親とのことです。

檜皮さんの人生の蹉跌は、実の両親の離婚から始まりました。その実の父親とも、檜皮さんは関わりを結び直しました。先に触れた私との出会いが、そのきっかけとなったのです。

幼い檜皮さんは父親が大好きでしたが、自分たちを捨てていったことに対しては、許せない想いをしこりのように抱いていました。養父とのつらい関わりの中で、それは一層強固になり、実父には絶対に世話にはならないという気持ちでした。

しかし、私との出会いの中で、実父にも同じように、そうならざるを得ない理由があったこと、それだけではなく、多くの苦しんでいる人たちを助けようとする深い人情があることを知って、新たな1歩を踏み出すことを促され、実父と再会。再び心を通わせることができたのです。

檜皮さんは、北海道でオカリナをつくっていたとき、評判は得ていたものの、「これは自分の本当の仕事ではない」と感じていました。

たとえ「うまくいっている」と思っても、心の深いところで「これは違う」と感じてしまう。それは、魂の声にほかなりません。

そして、檜皮さんは、「大阪で会計事務所を開き、市井に生きる方々の相談に乗っている父のように、自分も、社会のしがらみの中で苦しみや痛みを抱えている人を助ける人生を生きたい」と願ったのです。

10年前、檜皮さんは自宅を大阪に移し、行政書士の資格を取得。以前に取得した宅建の資格とともにコンサルティングの事務所を興し、かつての自分のように人生の中で迷い、苦しむ人たちを支え、助ける歩みを続けています。さらに、実の父親と心を合わせて協同する法務相談の場も設けることができたのです。

そこで生きる理由（わけ）

あの苦しみを味わった自分だからこそ、できることがある。あれほど迷い、激（はげ）しい怒りのエネルギーによって、現実を壊（こわ）し続けてきた自分だからこそ、助言できることがある――。

その信念をもって、檜皮（ひわだ）さんは、日々、相談に訪れる方々と出会っています。

それは、檜皮さんが自ら見出（みいだ）した人生の星座ではないでしょうか。

たとえば、遺産相続の相談に来られた女性。彼女は少し前に、突然の病でご主人を亡くされました。ご主人には兄がいましたが、兄弟仲が非常に悪かったのです。

奥様はこう言いました。「主人は最期（さいご）まで兄を恨（うら）んで死んでいったから、私もその遺志（いし）を継（つ）いで恨むことが使命だと思う。恨み抜（ぬ）きたいから、財産を向こうにはやらないように相続をちゃんとしてほしい」

普通なら、それはややこしい依頼（いらい）です。

しかし、檜皮さんは、来ていただいてうれしいと言うのです。

感情的な対立や、恨みによる対立には、必ず理由がある。理由のない対立はない。

大阪のコンサルティングの事務所で、訪れる方々の法務相談に尽くす檜皮さん。相談ごとは、感情的な対立が複雑に絡み合っていることが多い。しかし、檜皮さんは、そこに関わる方々の心の奥にある本心、願いをどこまでも尋ね、相互理解へと誘ってゆく。その結果、問題が根本的に解決するばかりか、当事者の間に今まで以上の深い絆が生まれることも少なくない。

そこには、受けとめられていない孤独があり、哀しみがある。その孤独と哀しみが怒りに形を変えていることが多い。

だからまず、その大本の気持ちを受けとめさせていただく。そして、対立の奥に隠れている願いを汲み取り、それを互いに理解していただく。

そうやって、「魂の人間観」に基づいて、問題が起こる前以上の深い絆を結んでゆくのです。

このケースでは、ご主人はすでに亡くなっています。ですから、檜皮さんは、ご主人に成り代わって、その本心を尋ねてゆきます。恨みの底に、どんな気持ちがあったのだろうか――。

「私はこう思うんです。ご主人は、本当はお兄さんとの絆を深めたかった。それがうまくいかなくて、こうなってしまったんです。ですから、残されたあなたは、そのご主人の元々の願いを果たしてゆくこと。絆を結び合ってゆくこと。それが、ご主人のご供養にもつながるのではないでしょうか」

檜皮さんのその言葉を聞いた途端、奥様は泣き崩れ、「そうですね……本当にそうです」と言われました。そして、檜皮さんが、反目していたお兄様にそのことを伝えると、「実は、私も残された義妹の家族の生活が気になる。だから、その生活がきちんと回るように、相続をうまくしてやってくれ」と言われたのです。

檜皮さんは、日々、来訪される方々が抱える苦しみや怒り、恐怖や孤独を想うのです。それは、かつての自分が混沌とした心の渦の中で、どうすることもできなかったもの。真実の世界を求めても、そこにつながるドアがない。ドアらしきものがあっても、ノブがないから開けることができない。

もし、あのままだったら、今も自分は、怒りと恐怖、孤独の中で苦しんでいるに違いない。だから、**訪れるお１人お１人が、その争いと怒りを浄化し、恐怖と孤独を癒やして、少しでも真実の世界に近づけるように、お手伝いをさせていただきたい――。**

それが、檜皮さんが今、大阪でコンサルティングの仕事をしている理由――檜皮さんが「そこで生きる理由」なのです。

檜皮さんの活動の一端は、テレビのニュース番組でも紹介されました。その結果、同業者からも注目されるようになり、リーマンショックの後には、東京や大阪で講演会を開きました。

テーマは、借金などで経済的な困苦を背負い、身動きが取れなくなり、夜逃げするか、首をくるかという状態の人たちをどう援助するのか、その具体的な解決の道を伝えるものでした。

その講演には、全国から同業者が集まり、多くの反響がありました。

檜皮さんは、その反響をこう受けとめています。

「皆さんの心に響いたのは、具体的な『人助け』というところだと思います。ただ稼ぐということではなく、自分の仕事によって救われる人がいる。社会の一隅で、仕事を通じて奉仕していることを感じていただけたからだと思います」

檜皮さんは、同じ生業に人生をかけている人々もまた、それぞれの場所で、人生の使命を生きようとしていると信じています。檜皮さんは、自分がいる場所で、檜皮さんでなければならないやり方で、使命に応えているのです。

檜皮さんの人生は、自分ではどうすることもできない両親の事情によって壊れ始めました。そして自らどうすることもできない怒りのエネルギーによって、ほとんど壊滅してしまったと言えるでしょう。

普通に考えれば、その状態から、人生の秩序を取り戻すことはあり得ないことです。

奇跡の人生――。そう言っても過言ではありません。

ではなぜ、檜皮さんにはそれが可能だったのでしょうか。

それは、檜皮さんが、自らの心の声、魂の声を聴き、生きる理由を求め続け、その答えを知ったからです。

「魂」「心」「現実」のまなざしを持つ

いかがだったでしょう。

確かに、誰もが檜皮さんのような制御不能の破壊的エネルギーを持っているわけではありません。しかし、内なる混沌についてはどうでしょう。

わかっているようでわかっていない自分の心。自分が本当に願っていることがわからず、自ら望まざる選択をしてしまう……。

多かれ少なかれ、誰もが心当たりがあるのではないでしょうか。

では、その内なる混沌を解決する手立てとは――。

檜皮さんの内なる混沌に、「魂の人間観・人生観」という秩序がもたらされたとき、心は整えられ、制御不能のエネルギーは鎮まりました。そればかりか、新たなエネルギーの焦点＝内なる本当の願いを発見し、人生を通じて自分だけが果たすことのできる使命が見えてきたのです。

どんなに混沌としていても、そこに秩序が生まれれば、水が自ずと結晶化するように、人生は自ら完成に向かうものなのです。

そして、何より重要なことは、それはすべて「魂」「心」「現実」のまなざしを持つことから始まったということです。32ページの図1をもう一度思い起こしてください。

「魂」「心」「現実」のまなざしを持つから、3つの「ち」に束縛される人間の不自由さが見えてきます。「魂」「心」「現実」のまなざしを持つから、出会いと出来事に届く呼びかけが聴こえてくるのです。人生の星座も、自分だけの使命も、「魂」「心」「現実」のまなざしを持つから、わかるものなのです。

「魂」「心」「現実」のまなざしとは、人間を「魂」と見る人間観・人生観のことです。それを簡潔にまとめるとこうなるでしょう。

1　人間は魂と心と肉体からなる

2　魂は人生を何度も経験する

3　魂は永遠に成長する
4　人生の出会いと出来事はすべて魂成長の糧である
5　人生には目的と使命がある
6　個の目覚めは全体の目覚めにつながる

この「魂」の人間観・人生観を持つとき、私たちの目の前には、今まで見えなかった人生と世界が姿を現します。あるとは思っていなかったつながりの世界を見出し、信じていなかった未来の可能性を引き出す力を得るのです。

檜皮さんが、苦しんだ過去の意味に応える人生の仕事を見出したように、私たちもまた「魂」の存在ゆえに、誰もが自分だけの使命を抱いています。それは、この世に生を受けたすべての人に共通する真実です。

ぜひ、あなたにも、「魂」「心」「現実」のまなざしを持っていただきたい。そして、その「魂」の存在という地点から、明日を生き始めていただきたい――。

そのとき、あなたは、「そこで生きる理由」を湛えるつながりを発見し、あなたの「人生の星座」を輝かせることになるでしょう。

それは、あなたの使命を生きる始まりのときなのです。

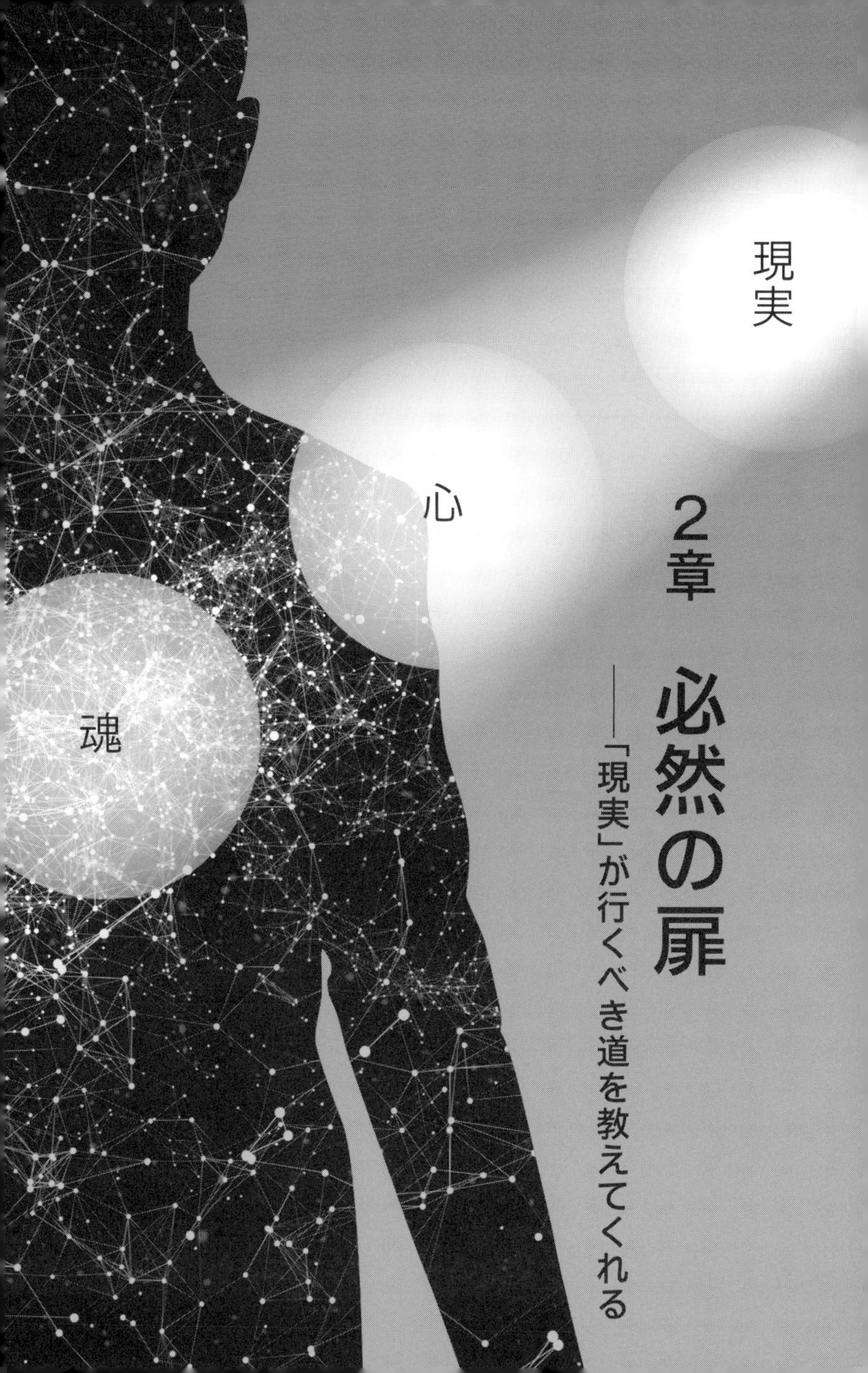

2章 必然の扉

——「現実」が行くべき道を教えてくれる

私たちが日々向かい合っている「現実」――。
それは、形があり、重さがある現象界に生じているものである。
しかし、その「現実」に真剣に取り組もうとするなら
それを「心」の次元と結びつける必要がある。
「心」と1つに結ばれた「カオス」として捉えるのである。
そのとき、どれほど困難な「現実」にも
まだ多くの可能性を見出すことができる。
「心」の次元を加えて、すべてを「カオス」と受けとめることは
新たな人生の創造に等しい1歩なのである。

確かなものは何もない

「今ほど不確かな時代はない」と感じる人は少なくないでしょう。

私たちの世界はそれほど揺れ動いています。

メディアも予想できなかった、昨年のイギリスのＥＵ離脱、アメリカ大統領選におけるトランプ陣営の勝利――。その結果、ＥＵの存立基盤は脅かされ、アメリカでは深刻な分断と対立があらわになっています。

多くの死傷者と大量の難民をもたらしたシリア紛争は、今なお終結の見通しが立っていません。クリミア半島併合を進めたロシアと、南沙諸島埋め立てを強行した中国の傍若無人の振る舞いは周辺国に大きな脅威となっています。さらに核実験を繰り返す北朝鮮に、国際情勢は一段と緊迫の度を増すばかりです。

世界の未来であるはずのグローバル経済も、世界中がつながることによって、不安定さと不均衡が増幅されています。リーマンショックは１つの現れに過ぎず、モノや情報、お金の流れが自由になることで、格差が急速に拡大。米国では、上位１％の人たちの資産が下位90％の人たちの資産よりも多いという、きわめてアンバランスな事態が生じています。

何が起こっても不思議はない。いったい世界はどうなってゆくのか。私たちはどう生きればよいのか。まさに、あらゆるものが不確かな時代に私たちは生きている——。

人々は、それを「カオスの時代」と呼ぶかもしれません。

しかし、私は、世界がこういう状況になったから「カオス」なのではないと思います。たとえ世界が安定していても、それは「カオス」なのです。

なぜなら、私が考える「カオス」とは、単に混乱や無秩序な状態ではないからです。「カオス」とは、可能性と制約、光と闇が混在し、どちらにでも傾き、どちらにでも結晶化し得る、まだ結果の出ていない混沌とした状態。私たちは、いつも巨大な「カオス」と向き合っている——。

そう受けとめるべきだと私は申し上げたいのです。

世界が大きく変化し動揺するとき、私たちは、世界の現実そのものが、実は「カオス」であったことに気づかされるだけです。

あらゆる現実を「カオス」と受けとめる

「カオス」とは、もともと世界が抱いている本質です。それは、普段は表に出てきません。けれども、**私たちが日々向き合っている世界も、私たちに訪れる出会いと出来事も、すべての「現実」は「カオス」だということです**（図4）。

そして、そのように「現実」を受けとめるのが、「魂の学」の立場です。

ここで、あなたの日常を考えてみてください。

今、あなたの日々は安定しているかもしれません。昨日のように今日があり、今日のように明日が繰り返される。そのような「平穏な現実」の中で、それが「カオス」だと言われてもピンとこない人もいるでしょう。

しかし、本当にそうでしょうか。何事もないように見えて、「一寸先は闇」というのが、私たちが生きている世界ではないでしょうか。

いつどんな試練がやってくるかわからない。突然の事故や仕事の失敗、思わぬ裏切り。当事者ではなくても否応なしに問題に巻き込まれてしまうこともあります。

もし、安定していた生活が脅かされ、かき乱されれば、あなたは「現実はカオス」

図 4

だと認めるに違いありません。

しかし、その本質は、平穏に見えた「現実」の中にすでに在ったのです。

この世界は、私が「崩壊の定」と呼ぶ法則に支配されています。

時の流れとともに、あらゆるものは古び、錆びつき、壊れてゆく。その定から免れるものは何1つありません。

モノだけではなく、人間関係もシステムも組織も、そのままにしておけば、やがて歪みが生じ、壊れ、滅びてゆく運命にあります。それはいつ生じるかわからない。その可能性は、いつも目の前の現実の中に潜んでいるのです。

「現実」と「心」をセットにするカオス発想術

もう1度、確かめておきましょう。

私たちのもとにやってくる「現実」——出会いも出来事も、突然の不幸も幸運も、家庭や職場の状況も、世の中の事件も世界の情勢も、すべては「カオス」です。

「カオス」とは、形も輪郭もなく、まだ結果も出ていない混沌とした状態。様々な

カオスに心が触れて現実になる

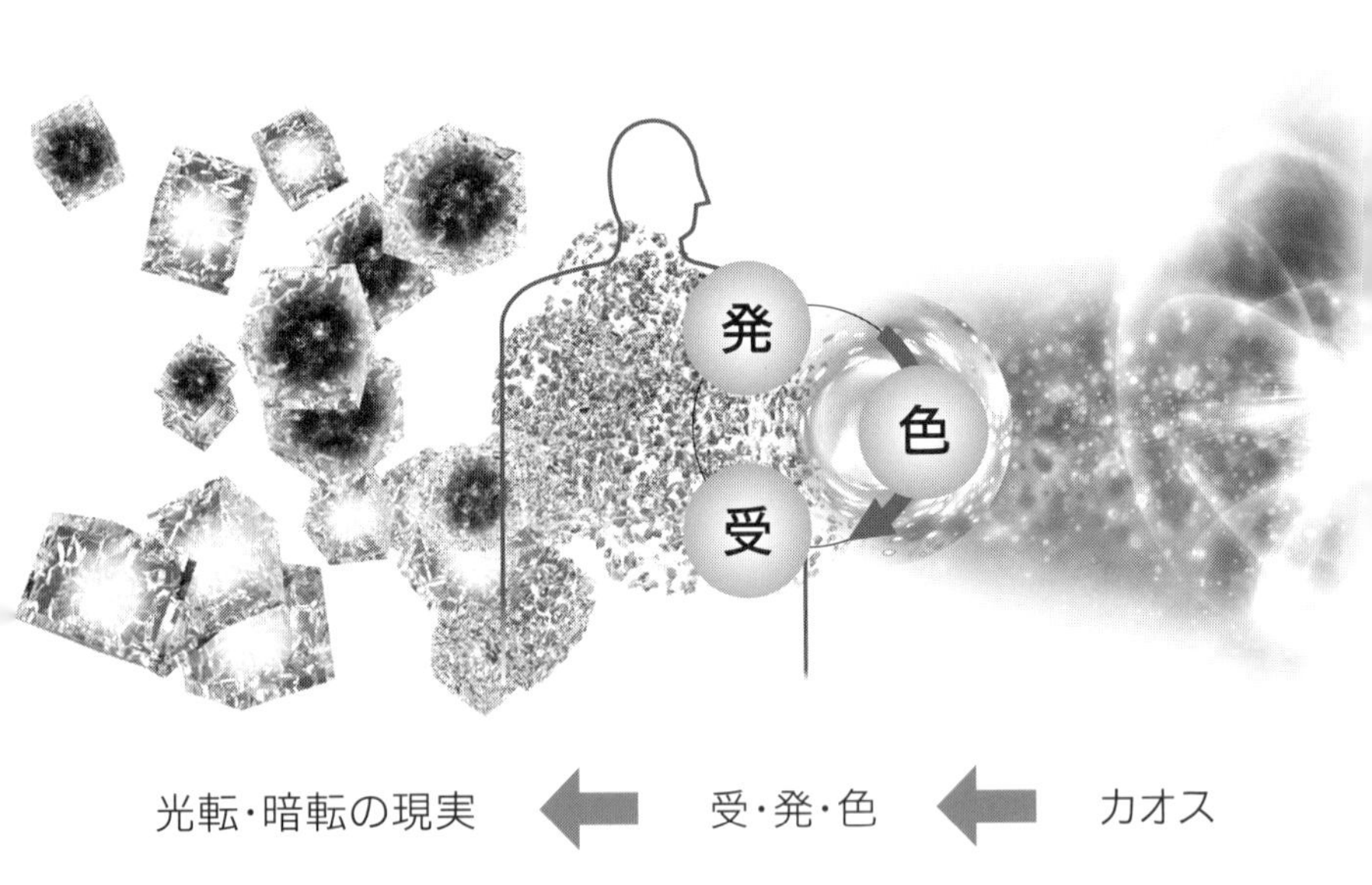

光転・暗転の現実 ⇦ 受・発・色 ⇦ カオス

図 5

エネルギーが渦巻き、流動化する開かれた状態で、絶えず何かと結びつこうとしています。

そこには、可能性も制約も含まれています。どんなに困難な状況に見えてもまだ可能性があり、逆にどんなに順調に思えても制約がある。光の因子と闇の因子が混在しているからです。

その「カオス」に、私たちの「心」が触れることによって形が生まれます。光転・暗転の現実が現れてくるのです。図5をご覧ください。

「受発色」とは、「魂の学」で「心」を表す言葉です。

「受」＝受信のはたらき（感じ・受けとめる）と、「発」＝発信のはたらき（考え・行為する）によって、「色」＝現実を生み出すことを示しています。この「受」「発」「色」は絶えず回ってはたらき続けています。

「カオス」からどんな「現実」を引き出すかは、「心＝受発色」に大きく左右されるのです。このように、**目の前にやってくるあらゆる事態を「カオス」と受けとめる生き方を「カオス発想術」と呼びます。**

ここでもう1つ重要なことがあります。

あなたが目の前の「現実」を「カオス」と受けとめると、その「現実」はあなたの「心」（内面）とつながったものになるのです。

「現実」は、固定的で動かないものではなく、独立した塊でもありません。「これはこういうもの」と決めつけられるものではありません。それは、私たちの「心」とつながり、「心」によって変化するものです。「もう無理」と思えば、無理の「現実」が現れ、「まだ希望がある」と受けとめれば、希望のある「現実」が現れる。心が進化すれば、見える「現実」は変わり、より大きな可能性を引き出せるようになります。

カオス発想術は、あらゆる「現実」を、私たち自身と切り離すことなく、「心」とセットにして受けとめます。

それは、「魂の学」の実践における土台であり、基本的な姿勢の1つです。

逆に言えば、「カオス」と受けとめられないとき、私たちは、「現実」を唯物的に捉え、限定的に生きていると言っても過言ではありません。なぜなら、「心」の力を使わなければ、「現実」から可能性を引き出すことはできないからです。

赤字路線への挑戦

世界が不安定ならば、わが国もその影響を受けます。日本という国のしくみ、社会のシステムも例外ではありません。たとえば、人口減少の問題もそうです。

今、多くの地方自治体では、人口減少や過疎化によって深刻な問題が生じています。その1つに、乗客不足によって、鉄道やバス路線などの公共交通の採算が取れず、廃線に陥るという現実があります。

生活の足として利用してきたバスが廃止され、住民が困窮しているというニュースを目にした人も少なくないでしょう。

埼玉県川越市に本社を構えるバス会社の経営者、谷島賢さんは、まさにこの問題に取り組んだ方です。

高齢化や人口減少で不採算に陥り、大手バス会社の撤退が相次ぐ地方の路線バスを次々に引き継ぎ、業界の常識を打ち破る改革を実行して、その再生を成功させてきたのです。

バス事業イノベーション——経営力の証明

その方法は、それまでのバス業界にはなかった様々なイノベーション（技術革新）に基づくものでした。

たとえば、バスの運行の「見える化」です。

２００６年、埼玉の大手バス会社が手放した地域の赤字のバス路線を初めて引き受けたとき、谷島さんはこう思いました。

「大手はコストがかかる。コストを抑えられるウチのやり方なら黒字にできるだろう」

しかし、その考えはすぐに打ち砕かれたのです。

当初、伝えられていた乗車人数が、実際はその半数程度でしかなく、今までのコスト削減では、収支を逆転することはできませんでした。

ある日、現場を視察した谷島さんは愕然とします。時間帯によっては、バスに乗客が１人も乗っていなかったのです。

「この路線は毎日、空気を運んでいたのか——」

赤字は膨れあがり、初年度だけでも2000万円に上りました。

谷島さんは、バス運行と乗客の実態を把握しなければならないと思いました。

通常、バスは一旦車庫を出ると、あとはどうなっているのか、運転手以外はわからないものです。料金とチケットは回収されるため、何人の人が合計いくらの運賃を支払ったかはわかりますが、何人の人がどこで乗車し、どこで降りていくら支払ったかという正確な乗降客のデータはブラックボックスのままです。

そもそもバス業界には、データをそこまできちんと捉える慣習はありませんでした。

谷島さんは、その慣習を脱し、すべての路線のバス停でのお客さんの乗降のデータを取って、バスの運行を「見える化」するシステムを開発しようとしたのです。

ところが、いざデータを取ろうとしても、人が乗り降りしたことを正確にキャッチするセンサーが見つかりません。

谷島さんは、日本になくても、海外ならそういった調査・研究があるだろうと探し回りました。ようやくそれらしきセンサーを見つけたものの、精度が低く使い物にならず、センサーと組み合わせるコンピュータもうまく連動しませんでした。しかし、試行錯誤を積み重ねる中で、様々な助力者も現れ、データの「見える化」が実現したのです。

さらに、乗客の皆さんにとってどこに停留所があると便利なのか、アンケートを実施すると、皆が必要だと思っている場所に停留所がなく、まったく必要でない場所にあることがわかる、といったこともありました。

また、谷島さんは、路線バスの運行を効率化し、地域を活性化するためのアイデアをいくつも発案、具体化しました。

たとえば、バスの路線網のハブ（拠点）になる停留所をつくることで、路線の効率化を高める。そのハブ停留所に、コンビニなどの生活機能の施設をつくる。あるいは、地場産業との関連で付加価値をつける（和紙の体験施設などの観光資源を置く）といった試みです。

これらをより本格化させるためには高度な知識と技能が必要と考えた谷島さんは、経営を続けながら大学院に通い、Ph.D.（学術博士）を取得しました。

こうして、人口減少と過疎化に一矢を報いる努力を積み重ねた結果、赤字の路線バスを引き受けた一連の事業は、様々な方面から高い評価を受けることになります。

2011年、交通運輸局「初代地域公共交通マイスター」選定。同年、日経ビジネス「次代を創る100人」に選出、2012年には第11回日本イノベーター大賞優秀賞。さらに『ガイアの夜明け』『カンブリア宮殿』などのテレビ番組をはじめ、様々なメディアでも紹介されました。

谷島さんは、自社の取り組みが広く社会に認められたことで、誇らしい自負心に満ちていました。

取り組むべき課題をどこまでも追究してゆく探究心。目の前に現れた問題を解決する力。それらは、谷島さんが人生の中で、また人生を超えて、すでに獲得し、身につけてきたものなのです。

次のステージが呼びかけられていた

ところが、その歩みのさなかのこと――。

会社を創業した父親が2009年に他界したのです。

谷島さんにとっては、大好きな父親であり、一緒にバス会社を経営してきた同志のような存在でした。

父親は最後、谷島さんに会社をきちんと引き継ぐことを考えていました。取り引き先の社長や旅行業者の方々、観光関係の方々、お世話になった方に電話をし続け、亡くなる直前まで社員を呼んでは、「これからこうするんだよ」と遺言のように伝えていたと言います。

そして、谷島さんにも「遺言」が伝えられました。

「いろいろなことがあったけれど、私たちは、本当に多くの人たちに助けられてきた。そのことに感謝して、最後まで助ける側に回り、恩返しをしたい」

そして最後に「賢、いろいろ大変なこと、苦しいことは全部、俺が持っていってやるから……」と言い残して旅立っていったのです。

父親が亡くなると、谷島さんの心は、ぽっかりと穴が開いたようでした。

生きているときは、自分にとってそれほどまで大きな存在とは思っていなかったのに、いざいなくなると、その空洞は埋めようのないものになったのです。

しかも、地域公共交通マイスターに任命されたことで、谷島さんは、地方の自治体やバス事業を指導する立場になっていました。「はたして自分にできるのだろうか」。予想を超えた責任の重さがのしかかります。

それでも、父親が遺した「地域に恩返しをしてゆく」とはどういうことなのかと考えました。そんなとき、同じ川越で会社を営む知人から誘われ、「魂の学」を学び始めたのです。

その頃の谷島さんは、「魂の学」に惹かれる気持ちはあったものの、それが何なのか、はっきりわかっていたわけではありません。

初めて参加したセミナーは、専門家を対象とする「魂の学」のシリーズセミナーでした。30年以上前、経営者を対象に発足したこのセミナーは、その後、医療や教育、法務、福祉、政治、芸術などの分野が加わり、現在の登録メンバーは約１０００名。年次セミナーを合わせると、毎年４回、都内のホテルでコンスタントにセミナーを開催しています。

そのセミナーでのことです。「経営者の心が変わることによって会社が変わる」と聞いた谷島さんは、「そんなことがあるはずない」と思いました。

それは、当時の谷島さんが、ものごとをどう見ているかを率直に表す反応だったのです。

会社がよくなるのは、具体的な「現実」そのものを変えたからであって、経営者の

経営・医療・教育・法務・福祉・政治・芸術などの専門家を対象とする「魂の学」のシリーズセミナーで学ぶ谷島さん（最前列右から3人目）。このセミナーでは、著者が説く「魂」「心」「現実」のつながりの法則を体得しながら、1人ひとりの人間的成長と各業界・分野における問題解決を同時に果たす、ダイナミックな実践ステップを学ぶことができる。

「心」で「現実」が変わるなんてあり得ない。実際、谷島さんは、「現実」を徹底的に追究することによって、道を開いてきました。

つまり、それまでの谷島さんは、「現実」の次元に懸命に取り組んできた。ある意味で、「現実」の次元だけが取り組む対象だったということです。

しかし、その谷島さんが、なぜ「魂の学」に心惹かれたのでしょうか。

「魂の学」は、あらゆる「現実」を自分自身の「心」「魂」と結びつける生き方を探求します。ここで、32ページの図1をもう1度ご覧ください。人間は、「魂」「心」「現実」の3つの次元を同時に生きている存在です。

谷島さんは、「現実」の次元だけではなく、「心」と「魂」の次元も含めて生きるときを迎えていたのではないでしょうか。

つまり、経営者として、そして1人の人間として、次のステージに向かうことを呼びかけられていた——。私はそう思うのです。

気乗りのしなかった始まり

今でこそ、熱心にバス事業に取り組まれている谷島（やじま）さんですが、最初はあまり乗り気ではありませんでした。

父親が川越（かわごえ）で小さな旅行代理店を営（いとな）んでいたこともあり、大学を卒業後、谷島さんは、東京の大手旅行会社に就職。その後、数年を経（へ）て、父親から呼び戻（もど）されます。「新たにバス事業をスタートするため、自分の会社に入ってほしい」

仕方（しかた）なく、「父が始めるなら一緒（いっしょ）に」というくらいの気持ちで入ったのです。もともと谷島さんにとって、川越は、「古い因習（いんしゅう）の残る街」でした。

昨年、私は谷島さんと短い時間でしたが、一緒に川越を散策（さんさく）する時を持ちました。予定が空（あ）いたことから、思い立って谷島さんを訪ねたのです。小江戸（こえど）と呼ばれる川越は、一時さびれながらも商店が戻ってきた昔の中心部と駅周辺の新しい地域が1つになった、江戸時代からの歴史を刻（きざ）む街です。

谷島さんは突然の訪問に本当に驚いた様子でしたが、「あちらの方に行ってみましょうか。何か思い出の場所があるように感じますよ」――そう言う私に促（うなが）されて、通

川越を訪れ、谷島さんと語り合う著者。小江戸と呼ばれる川越は、江戸時代からの歴史を刻む街で、昔の中心地と新しい地域が1つになっている。谷島さんは、両親の代にこの地に越してきた。かつて両親が味わった疎外感と理不尽さを、時空を超えて感じとった著者は、谷島さんに流れ込んだ3つの「ち」に触れ、その人生の軌跡を明らかにしていった。

りの先の方に歩き始めました。しばらくすると、谷島さんが言います。

「ああ、先生、この先、この小さな場所が、ウチだったんです」

「家は借家で、お風呂もなかったんです。ずっと銭湯に通っていました。ウチは裕福ではなかったんですが、当時、まだあまりなかった電話はあったんです。この街で数台しかない車もあった。親父は、新しいものが好きで……」

「それはあなたにもありますね。お父さんからの心の遺伝ね」

谷島さんは、当時の慎ましくも温かい家を懐かしそうに思い出していました。

私の中にも、その谷島さんの気持ちと、ご両親の気持ちが流れ込んできました。

街の新しい住人となったご両親が味わった疎外感と理不尽さ――。

「ご両親の気持ちが流れてきましたよ。谷島家は、外から川越に新しく入ってきた。地域から見れば新参者ですね。ご苦労が多かった……」

幼少時から谷島さんは、両親の苦労を見てきました。母親が家の中で泣いている姿も目に焼き付いています。詳しい経緯と状況を理解していたわけではありませんが、両親が受けていた圧迫と理不尽さを、幼心に感じていたのです。

幼稚園や小学校で、そこにあった輪の中になかなか入ることができなかった谷島さん――。父親とバス会社を立ち上げたときも、その想いを体験しました。当時、規制緩和が話題になっていましたが、新しいバス会社に対する障壁はまだ存在していました。業界に横並びで受け入れられるというわけではなかったのです。

生い立ちの中で受けていた言葉にならない圧力――。その圧迫を受けた幼い谷島さんが私の目の前に見えました。谷島さんが、人生の中で、なぜ確かなもの、技術、能力、資格を次々に取得してきたのか。その理由も、私は感じたのです。

谷島さんは、そうした背景の下で、川越という地域に肯定的な想いが持てず、川越に戻ってきても、地域の人たちと関わりたいという気持ちもありませんでした。

当時は、あわよくば東京へ、アメリカへ――という華々しい世界進出を夢見ていたのです。

自分がやらなくてもいいんじゃないか

実際にバス事業に携わってみると、谷島さんの困惑は深まります。

自分が思い描いていた企業経営のイメージとはあまりにもかけ離れていたからで

す。

「バス業界には、経営理論もなければ、マーケティングもない」

様々な数字もどんぶり勘定で、旧態依然とした経営を続けているように見えました。

「別に自分がやらなくてもいいんじゃないか……」

若い谷島さんは、未来が見えないバス会社に自分の人生をかける気にならなかったのです。

実際、川越に戻ってきた頃、谷島さんが手がけたのは、バス会社とは関係のないカフェレストランでした。当時流行していた銀座や原宿にあるような、モダンで洗練された最先端の店が自慢でした。将来は多角化することも考えていたのです。

しかし、結局は長続きせず、店の経営から手を引くことになりました。

残されたのはバス事業――。谷島さんは、そこでできるだけのことをやってみよう、自分の経営者としての可能性を開いてみようと考えたのです。それが先に触れた様々なイノベーションの歩みの始まりでした。

経営者としての挑戦に心が向かったとき、谷島さんは、まず経営のことをしっかり学ぼうと考えました。それまで経営については何も知らなかったからです。

最初に参加したのが、コンサルティング会社での研修でした。

そこで目にしたのは、いわゆる「商人道的精神論」。「徹底的にお客様志向でやりましょう」「商売は正しさありき」（正しきによりて滅ぶものあらば滅びてもよし）といった具合です。

「これでは現場にある問題は解決できない」と感じた谷島さんは、本格的に経営学の勉強を始め、大学院でＭＢＡ（経営学修士）を取得します。そこで学んだことは、その後の谷島さんの資産になりました。

ただ、資金の循環によって現金を生み出すことを考える金融工学には、違和感がありました。そこでは、お金にならないものは「悪」。そうだとしたら、自分たちが関わっているバス会社の多くを潰すことが正義になってしまう。谷島さんは、そこまで極端な考え方にはついてゆけなかったのです。

当時の谷島さんの違和感を言葉にすれば、「心」の問題だけを取り上げる「あるべき論」では、道徳的精神論で終わる。しかし、「現実」に対応するだけの経営学では、単に利潤を生み出すだけの方法論に陥ってしまう――。

「心」だけでも、「現実」だけでもダメ。谷島さんは、心の奥で、「心」と「現実」

をつなぐ経営を求めていたのではないでしょうか。

しかし、その頃はまだ、谷島さんはＭＢＡのやり方を重視し、「現実」だけに目を向ける方法を選択するほかなかったのです。

開かない扉——運転手の人生や未来を考えたことはあるか

谷島さんは、「現実」を徹底的に追究することによって、赤字のバス路線に対する１つの解答を世に示し、様々な形で評価されました。

しかし、「現実」の追究だけでは、どうしても開かない扉があります。

「心」と「現実」をつなぎ、事態を「カオス」と受けとめなければ、解決できない問題があり、創造することのできない世界があるということです。

谷島さんは、やがてその壁に突き当たることになります。

それは、バス運転手の退職問題でした。

２０１３年のこと、路線運転手の離職が続き、仕事はあるのに、運転手がいないために引き受けられない——。会社は、そんなジレンマを抱えていました。

これまでのやり方ではどうにもならず、結果、その年は再び多額の赤字を計上してしまいます。

バス業界では、運転手の人件費を安く抑える戦略として、ある考え方が常識となっていました。それは、運転手がより待遇のよいところに転職して定着しなくてもかまわない。むしろ定着してもらわない方がいい。出たり入ったりしてもらった方が、賃金が安くてすむというわけです。運転手の方々も、免許さえ持っていれば、1つの会社を辞めてもすぐに別の会社に移ることができるのは悪くない。それで業界は何とかやりくりしていたのです。

谷島さんも、そのような前提で、自社の運転手に接していました。

しかし、いざ退職問題が深刻になり、屋台骨に響いてくると、手のひらを返すように会社を辞めて大手に移る運転手に対して、「何と恩知らずな」「よく平気で辞めてゆけるな」と思うようになっていました。

そういった状況を察した私は、あるとき、「魂の学」を学ぶ先輩の1人にお願いして、谷島さんに1つの問いかけをしてもらいました。

「あなたは、運転手さんの人生や未来のことについて、考えたことはありますか?」

谷島さんは虚を突かれました。

「……そんなことありませんよ。運転手のことですよね？」

このとき、谷島さんにとって、社員1人ひとりは「会社を動かすために必要な人員」に過ぎなかったのです。

谷島さんには、そう答えた別の理由もありました。

谷島さんにとって仕事とプライベートは別。だから、仕事さえしてくれれば、それ以上プライベートには立ち入らない。それが当然の前提だったのです。

では、なぜ私は、運転手さんの人生や未来のことを問いかけたのでしょうか。

「魂の学」では、経営者は、広い意味で、社員や関わりある方々を守り、支える大きな責任を持つ「親の魂」であり、経営において、社員やお客様は「同志」であると受けとめるからです。

企業には、それぞれ目的や理念があります。その目的や理念の実現のために一緒に闘ってくれる社員は、「同志」としか言いようのないものであり、お客様もまた、それに賛同してくれる「同志」でもあるのです。

かつて私が経営者の方々に初めてこの考え方をお伝えしたとき、多くの方が驚かれました。しかし、今では、「魂の学」を学ぶ経営者の皆さんにとって、大切な基本原則となっています。

　このような、私たちが意識することもない前提や常識は、実は現実の課題に大きな影響を与えているのです。

　谷島さんは、「魂の学」の研修に参加するたびに、経営者や医療者、教育者、サラリーマン、主婦など、多種多様な人々の具体的な実践に触れることができました。それは、「魂の学」の考え方——人生や事態をどう受けとめ、どう応えてゆくかを吸収する最高の時間でした。

　また、研修の中のミーティングで、他の経営者の話を聞いたり、自分の話を聞いてもらったりすることも、生きる上での大きな指針をもたらしたのです。実際に実践している人たちの話を聞き、交流することほど有意義なことはめったにありません。

運転手問題は「カオス」

　谷島さんは、運転手たちのことを考え始めました。

そして、1歩踏み込んで、退職する運転手に話を聞いてみることにしたのです。

何人かの方に退社の理由を聞くと、こんな答えが返ってきました。

「辞めたくて辞めるのではありません」「家族がいるので、大手との給与格差を考えるとやむを得ない」……

そういった声に耳を傾けながら、運転手の方々の人生を考えてゆくうちに、次第にその気持ちが感じられるようになってゆきました。彼らの存在が心の中に入ってきたのです。そして、こんな想いが生まれるようになりました。

「運転手の生活や人生設計のことも考えてあげないといけないな……」

多額の赤字を計上した翌年、谷島さんは、他の経費を切り詰めて運転手の給与を大幅に引き上げました。それは、かつての谷島さんの選択肢にはなかったことです。

それだけではなく、運転手という仕事についても想いを巡らすようになりました。

かつての谷島さんはこう考えていました。

「運転手はバスの運行をきちんとしてくれればいい。それ以上のことを求めてはいけない」。運転手は、バスを運転し、お客様を運ぶ人でしかなかったのです。

もちろん、お客様を安全に運ぶことは、何よりも大切なことです。

しかし、彼らへの想いを深めてゆく中で、1人ひとりに対するイメージが少しずつ膨らんでゆきました。

運転手は、単にバスの運転をする人ではないのではないか。彼らは、本当は仕事を通して輝きたいと思っている。運転手の本当の仕事は、バスの運行を通じてお客様にサービスを提供すること、歓んでいただくこと。それこそが目的ではないだろうか。

心が変わると、問題そのものの見え方が変わってきます。意識の進化によって認識も進化し、方策も進化してゆくのです。

谷島さんには、まさにそのことが起こっていました。

それは、「運転手の退職問題」を「カオス」として受けとめたということです。谷島さんの経営に、「心」の次元が加わったのです。

そして、そのとき、谷島さんの願いは、単に「運転手の退職問題」を解決することではなくなっていました。

そこには、運転手さん1人ひとりの現実がある。その人生と未来が関わっている。皆の現実、人生、未来こそが大切。彼らの人生と未来がより輝くことを願うからこそ、問題を解決したいと思ったのです。谷島さんの願いが進化したということです。

心がとてもすっきりしました。そして、谷島さんは、運転手の本当の仕事について、1人ひとりにしっかりと自覚してもらおうと思ったのです。

不思議なことです。社長の谷島さんの気持ちが変わり、願いが進化すると、運転手たちの気持ちも大きく変わってゆきました。

お客様に歓んでいただくにはどうすればよいか。1人ひとりが自発的にそう考えるようになり、運転をしながら観光案内を始める運転手や、お客さんのために歌を歌う運転手が現れてきたのです。

運転中のサービスだけではありません。あるとき、雪で高速バスが運行中止になったことがあります。その通知の張り紙をするために運転手が停留所(ていりゅうじょ)に行くと、そこにどうしても羽田に行かなければならないお客様が途方(とほう)に暮(く)れていました。その姿を見た運転手は、善意で自家用車で羽田まで送ってさしあげたというのです。

また、1人のおばあさんが、間違った路線バスに乗ってしまったことがありました。その方が困っていることを知った運転手は、無線でその状況を連絡。途中のバス停で調整し、もともと乗るべきバスに乗り継(つ)ぐことができたのです。

この話には後日談(ごじつだん)があります。この出来事が涙が出るほどうれしかったおばあさんは、感謝を込めた手紙を市役所に届け、市役所から会社に連絡があったのです。

私が何よりも素晴らしいと思うのは、1人ひとりが自分の中から新しい生き方を引き出して、その場でできることに全力を尽くしていること――。

こうした中で、運転手の退職がピタッと止まり、収束してゆきました。

谷島さんは、この問題を通じて、「現実」と「心」のつながりを体得し始めたのです。その後、送迎バスの運転手の退職問題が表面化したときも、谷島さんは1人ひとりの状況に耳を傾け、個々に異なる現実に応えることで、解決へと導いていったのです。

PDCAサイクルと「ウイズダム」の違い

かつて「経営者の心が変われば現実が変わるなんてあり得ない」と思っていた谷島さん。しかし、「心」の次元を開いたとき、「現実」へのアプローチは大きく変わってゆきました。ここで、谷島さん自身の転換の手がかりとなった象徴的なエピソードをご紹介しておきましょう。

何か問題が生じたとき、「魂の学」では、「ウイズダム」というメソッドを用いて問

具現の循環

外界（現象界） 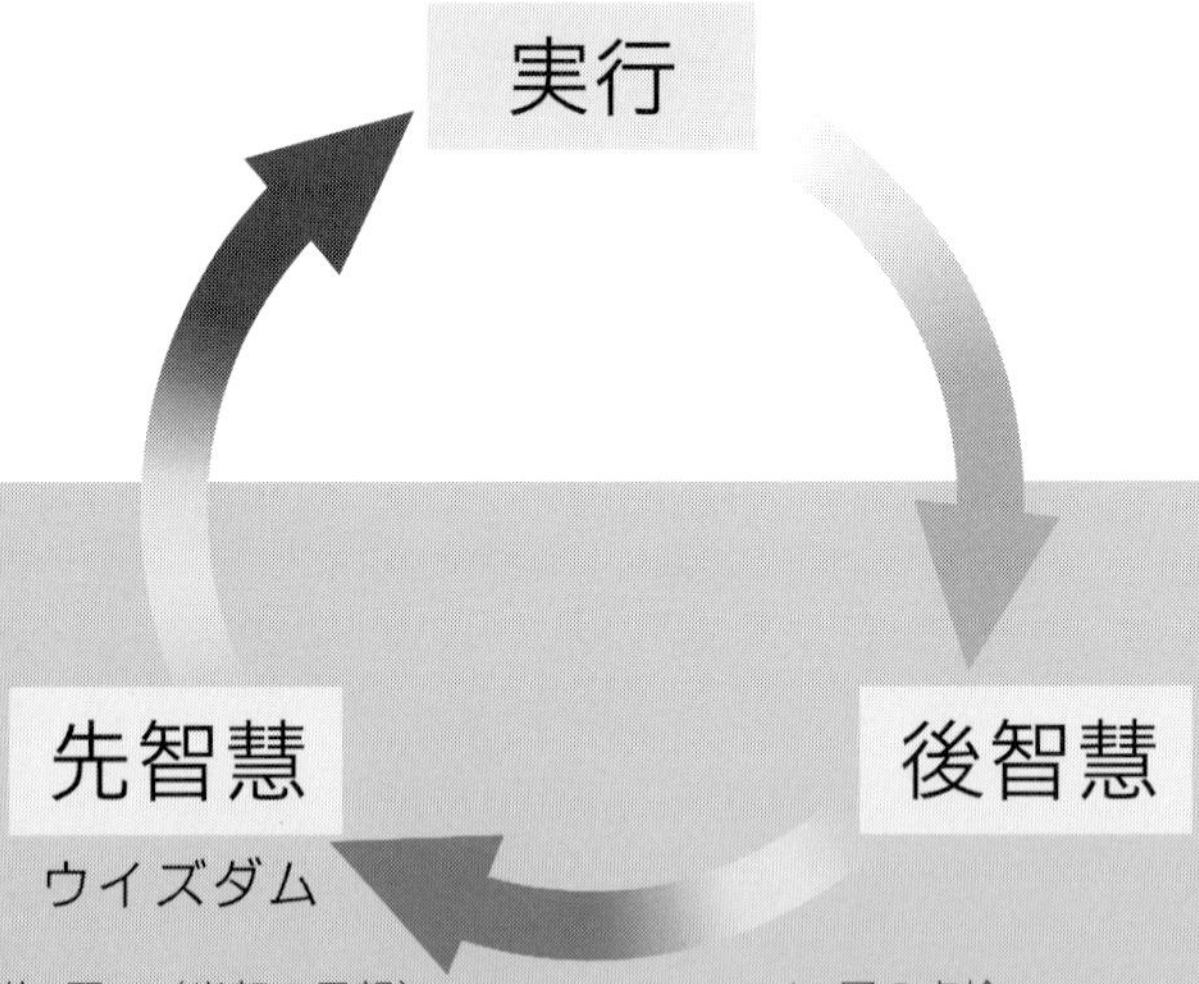
実行
先智慧
ウイズダム
後智慧
1. 目的・願い（光転の果報）
2. 現状（暗転の果報）
3. 現状に対する意識（暗転の因）
4. 意識の変革（因の転換）
5. 人・原則・システムの変革（縁の転換）
6. アクションプログラム
1. 因の点検
2. 縁の点検
3. アクションプログラムの点検
4. 果報の点検
5. 原点回帰（願いの点検）
内界（実在界・イデアの次元）

図6

題を解決し、新しい現実を生み出してゆきます。

谷島さんも、この退職問題に直面した当初、「ウイズダム」に取り組んでみました。

「ウイズダム」では、実際にものごとに取り組む前に、自分のエネルギーの流れを整えます。

まず果たしたい「目的・願い」（動機）を明らかにし、それに対する「現状」をつぶさに見つめます。

その「現状」を生み出している自分の「意識・想い」を捉え、それを転換し、様々な条件を整え、具体的な改善のアクションプログラムを設定する「先智慧」のメソッドです。

この「ウイズダム」で準備し（先智慧）、実際に取り組み（実行）、その後、点検と振り返り（後智慧）をしてゆくサイクルを**「具現の循環」**（先智慧→実行→後智慧）と呼んでいます（図6）。

その特徴は、ものごとは常に私たちの内界と外界の交流を通じて具現すると捉えることです。

「ウイズダム」は、1977年に私が発案し、以来、改良を重ねながら、「魂の学」

を学び実践する人たちの間で、様々な成果と実績を積み上げてきました。

「魂の学」を学び始めた谷島さんがとりわけ強い関心を抱いたのが、この「ウイズダム」でした。理路整然とした構成に、大学院時代に研究していた「ＰＤＣＡサイクル」が重なったからです。

「ＰＤＣＡサイクル」は、よく知られているように、Plan（計画）・Do（実行）・Check（点検）・Act（改善）のサイクルを繰り返すことで、目的・目標に近づいてゆく取り組みです。

谷島さんは、「ＰＤＣＡサイクル」に関する修士論文を書くほど深く精通していました。そのため、ごく自然に「ＰＤＣＡサイクル」をベースに「ウイズダム」を理解しようとしたのです。

しかし、**「ＰＤＣＡサイクル」が、「現実」の次元だけを扱うのに対して、「ウイズダム」は、常に「心」と「現実」のつながりを軸に、内界と外界の交流を大切にします。**現状を生み出した自らの「意識・想い」を転換することによって、「現実」を変えようとするのです。両者は、一見似通っていますが、根本的に異なります。

ウイズダムは、問題解決と新たな現実の創造をめざすと同時に、自分自身の心の進

化、願いの進化を導くものです。

谷島さんが自ら取り組んだ「運転手の退職問題解決のためのウイズダム」を「魂の学」を学ぶ先輩に見せると、こう言われてしまいます。

「これはウイズダムではない。単なる事業計画だよ。ウイズダムで一番肝心なのは、心と現実のつながりを確認すること。そして、心をどう転換してゆくのか、これまでのものの見方や考え方をしっかりと変えてゆくこと、自分が変わってゆくことが鍵なんだ」

谷島さんのウイズダムは、その「心」がほとんど掘り下げられていなかった。いうならば、「心」の次元がすっぽりと抜け落ちていたのでした。

その谷島さんが、「現実」に「心」の次元をプラスし、事態を「カオス」と受けとめ、自分の心の中にある前提や常識を1つ1つ点検し、覆してゆく――。本当の意味で「ウイズダム」を生き始めたのです。

「カオス」からさらなる可能性を引き出す

谷島さんの心には、運転手の問題が「カオス」として映っていました。

「カオス」とは、様々なつながりを抱いたエネルギーです。可能性はまだある――。

「カオス」発想術による改善は、さらに深まっていったのです。

たとえば、先のおばあさんの出来事など、業務中に起こった実践の結果を社員皆で分かち合う場をつくりました。それは「感動体験報告会」と呼ばれています。

また、社員同士が絆を深め、仕事においても支え合えるように、先輩の運転手が後輩の悩みを聞いたり、人生のことについてアドバイスをしたりする制度も設けました。これは「エルダー制度」と呼ばれ、互いの信頼を深めるステップとなりました。

さらに、社員全員が一体感を持てるように、社歌もつくったのです。

会社の中に「心」を大切にしたしくみや行動規範をつくることによって、社員を同志とした新しい組織が生まれる。谷島さんはそう感じています。

谷島社長の中で起こった変化が、社内の変化を起こし、運転手の皆さんの変化につながり、様々な新たなシステムを誕生させたのです。

ここで、1つ断ってお か なければならないことがあります。

谷島さんは、これらを「手法」「方法論」として実施したわけではありません。そうではなく、**会社を構成する1人ひとりの社員のことを想い、彼らの人生の輝きを想い、その目的を何よりも大切にして、そこに向かう道をつくっていったのです。**

かつて、「現実」の次元だけを見て、社員の人生や生き方を「心」に置くことがなかったとき、谷島さんと1人ひとりの間には大きな距離がありました。

しかし、社員のことを想い、「現実」に「心」の次元が加わったとき、事態は大きく変化したのです。

新たな「カオス」への取り組み――ラオスでのバスシステム構築

現在、谷島さんが取り組んでいる大きなテーマがあります。

それは、ラオスでの新たなバスシステム構築です。

2013年、バス公社改善のためのJICA（独立行政法人国際協力機構）の計画に関連して、ラオスから谷島さんの会社を視察したいとの申し入れがありました。谷島さんの会社が紹介されたＮＨＫのワールドニュースを見たラオス大使が縁となり、要請がきたのです。

しかし、実際に現地で調査を始めると、想像以上に深刻な問題が明らかになりました。これまで谷島さんたちが取り組んできた「改善」は、先の「見える化」にしても、運行の改善です。ところがラオスでは、それ以前のファイナンス（財政）やマネジメント（経営）の改善を必要としていたのです。

たとえば、運転手とバス会社の関係は、まったく特異なものでした。運転手は、バスの運行によって得た収入から一定額を会社側に収め、残りの売り上げはすべて自分の給与になります。しかし、運賃収入がその一定額に達しない場合は運転手が自己負担するという取り決めでした。

問題は、会社側が、運行による実際の売り上げ額がまったくわからないことでした。

しかも、一定額に達しない場合はツケにして、ツケがたまると辞めてゆく運転手が後を絶たず、事実上、経営が破綻していたというのです。

また、バス車両が事実上、運転手の自家用車になっていて、バスの運行時間も運転手個人の都合が優先され、運転手が休むと運休になってしまいます。

さらには、文化的な背景もあって、癒着や不正と思われる事実も目にとまり、なかなか取り除けない状況でした。

バス運行のシステムの問題に加え、とりわけ利権と思惑が交錯する事態は、一筋縄では解決できません。これほど問題が山積し、かつ人間的な要因が複雑に絡んでいる事案であれば、かつての谷島さんなら、相当慎重になったでしょう。場合によっては、引き受けることを断念していたかもしれません。

実際、「どうして自分がラオスでやらなければならないのか」と何度も考えました。

しかし、谷島さんは引き受けました。

それは、ラオスの人々のために、彼らが困窮する問題を解決する手助けをしたいと、谷島さんが本当に願ったからではないでしょうか。これまでの歩みの中で、**谷島さんは自分と問題を切り離さず、主客一体になって取り組むことを学んできました。ラオスの人々のことを自然に思い遣るようになっていたのです。**

それこそが、事態を「カオス」と見るということです。自分がどう受けとめるのか。その心境、意識によって、事態は大きく変わります。

そして、「バス事業は、地域を結び、人を結ぶ事業」。そう定義し直すと、本当にすっきりしました。谷島さんは、事態をよく見極めつつ、そこに隠れている青写真（あるべき理想の状態）の具現をめざしたのです。

たとえば、運転手とバスの問題は、一気にすべてを変えると、生活がかかっている人たちの抵抗や反発を招き、別の新たな問題をつくってしまいます。そこで、谷島さんたちは、今ある組織の中に新たな組織をつくり、それを少しずつ大きくしてゆく方策を選択しました。それは、「誰かを悪者にしない」という現地の3つの「ち」を大切にした歩みでもあったのです。

ショッピングモールをつくる計画も順調に進み、経営陣にタイ随一の大手バス会社の副社長を務めていた信頼できる人物を迎えることになり、さらに優秀な修理工も確保できました。その結果、バス42台に谷島さんの会社のシステムを付けて、2017年11月に事業のスタートが予定されています。

誰も近づきたくない「カオス」に使命を見出した

谷島さんが引き受けた赤字のバス路線——。

それは、採算が合わないという理由で大手が撤退した地域でした。そこは、交通網が寸断されて困っている多くの住民がいるにもかかわらず、バス業界の人々にとっては、できれば避けて通りたい場所にほかなりません。うっかり手を出そうものなら、大やけどをしかねない。

つまり、谷島さんが対峙した「カオス」は、誰も近づきたくない「カオス」であり、できれば、ないことにしてほしい「カオス」だったのです。

それは、ラオスで引き受けたバスシステム構築も同様です。ある意味では、それ以上に難しい、近づきたくない「カオス」だったはずです。

では、谷島さんは、なぜこれらの「カオス」の前で立ち止まり、それを引き受けようとしたのでしょうか。

谷島さんは、自分はずっとバス事業の仕事をしていると思ってきました。

確かに谷島さんが経営するのはバス会社であり、その事実に相違はないはずです。

しかし、この一連の実践は、「バス事業は表面的な現れに過ぎない」ということを示しているのではないでしょうか。

谷島さんは、各地域の赤字路線バスの問題と何度も格闘する中で、また混沌としたラオスでのバスシステム構築に取り組む中で、なぜ今、自分がそれをしているのかを考え続けました。そしてあるとき、ハッと気がついたのです。

「自分は、ずっとバス事業をやっていると思っていた。でも、実はそうではないのではないか。自分が本当にやりたいことは、地域をつなぎ、人をつなぎ、心をつなぐことなのではないか。それが自分の使命であり、会社の使命なんだ！」

谷島さんは、自分の中に「つなぎたい」という願いを発見したのです。地域をつなぎ、人をつなぎ、心をつなぐ——。それこそ、谷島さんが「そこで生きる理由」にほかなりません。

その願いと理由こそが、これまでの谷島さんの不断の取り組みを牽引し、具現への飽くなきアプローチを生み出してきた原動力です。

谷島さんの中で、「つなぎたい」という願いがはっきりと立ち上がったとき、会社もまた地域をつなぎ、人をつなぎ、心をつなぐ組織となってゆきました。

谷島さんは、初めて「魂の学」に出会ったとき、こう思いました。

「経営者の心が変われば会社が変わるなんてあり得ない」

それは本当だったのでしょうか。そうではなかったという答えを、谷島さん自身が

「小江戸巡回バス」の前に立つ谷島さん。「小江戸巡回バス」は、喜多院や蔵の街、菓子屋横丁などの川越の観光名所を結んで走る路線バスで、1995年、川越の観光興しのために谷島さんの会社が運行を開始した。このボンネットバスが多くのメディアで紹介されたことで、観光地としての川越が知られるようになった。

身をもって示しているのです。

「魂の学」と出会い、その研鑽と実践を重ねてゆくにつれて、谷島さんは、自分が本当は何を願い、今どうしなければならないのか、それがどんどんクリアになってゆくのを感じてきました。「現実」を徹底的に追究して道を開いてゆく力をすでに磨いていた谷島さん。でも、その力は、「心」を磨くことによって、さらにしなやかでたくましいものになっていったのです。

会社やバス事業だけではありません。谷島さんの原点——川越という地域に対する想いも大きく変わりました。かつてはなかなか川越に馴染むことができなかった谷島さんでしたが、今では多くの友人が生まれ、小江戸川越観光協会の理事として、地元の人々と協力して地域のさらなる活性化のために尽力しているのです。

人間の使命——なぜ、私はここにいるのか

本章の冒頭に取り上げた、私たちが生きる世界のことを思い出していただきたいと思います。

この世界は、何もしなければ、ものごとが古び、錆び、壊れてゆく「崩壊の定」に支配された「忍土」の世界です。

「忍土」とは、様々な問題や試練を堪え忍ばなければならない世界であり、心の上に刃を置かなければならない場所。そこでは、私たちの心は容易に血を流して傷つきます。ときには、自分が知らない間に誰かを傷つけてしまうこともあります。

その「忍土」で人生を生きているのが、私たち1人ひとりです。

「崩壊の定」によって、また人間自身の未熟によって、この世界には次々に問題や試練が起こります。図7をご覧ください。

左側の「暗転世界」は、まさにそのことを物語っています。そこでは、ひっきりなしに試練や問題が生まれています。それらは、「痛み」「混乱」「停滞」「破壊」の現実と言えるでしょう。

谷島さんも、この図の中に生きる1人です。谷島さんの前には、会社の問題や、会社が応えることを要請された社会の問題が次々に現れていました。各地の赤字路線バスの問題、運転手の退職問題、ラオスでのバスシステム構築の課題……。この世界に生きる以上、谷島さんが経営者としてその責任を引き受ける以上、その現実を避ける

人間の使命

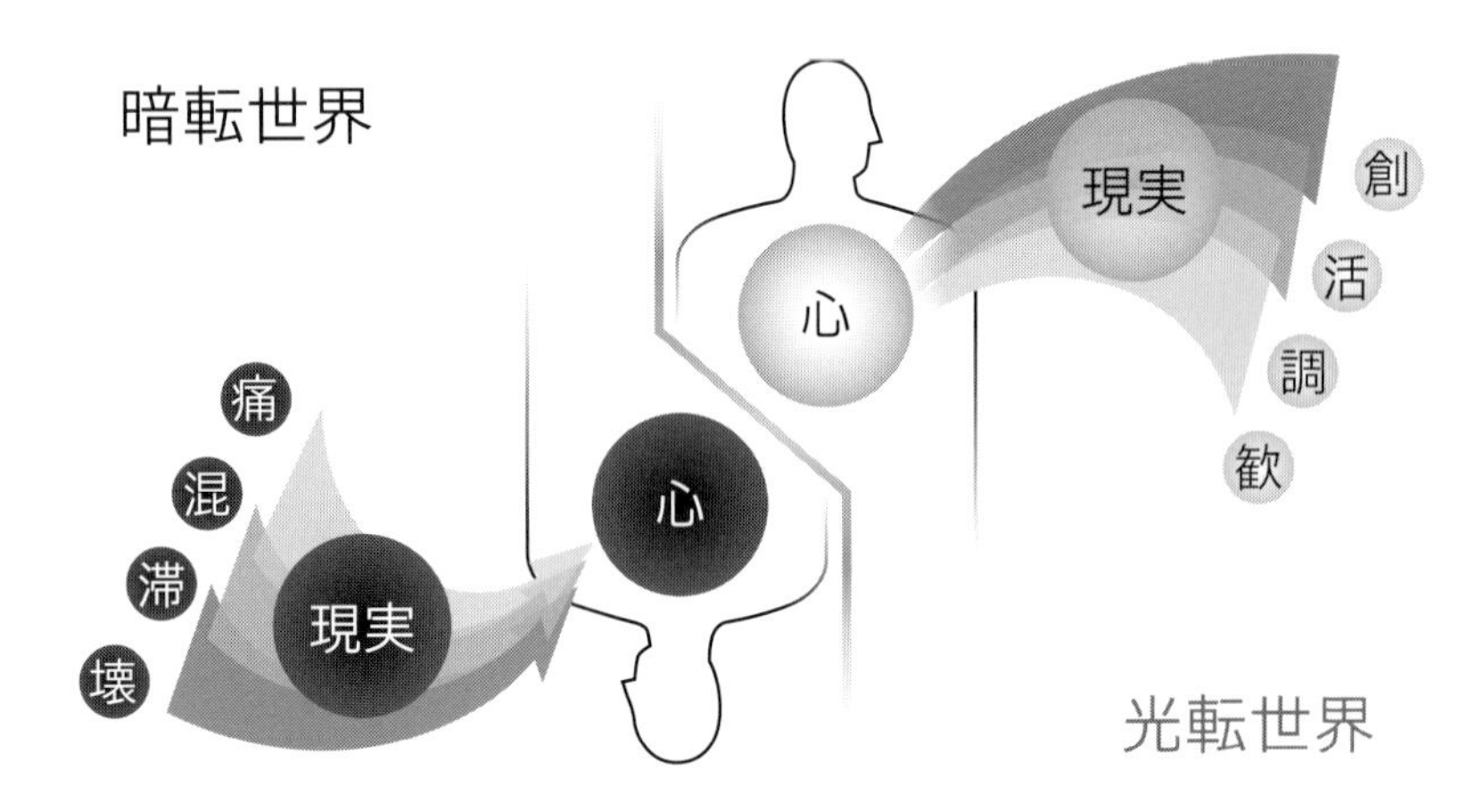

図 7

ことはできません。

同じように、私たちにも、次から次に試練や問題、応えるべき課題が降りかかってくるということです。それは覚悟しなければならないことです。

しかし、重要なことは、だからこそ私たちがそこで生きる意味があるということ。

次から次に現れる問題や試練をいきなり変えることはできない。

しかし、それらは光と闇を同時に孕んだ「カオス」。私たちの「心」と「現実」をセットにする「カオス」――。

何とか問題を解決したいという強い願いを抱いていた谷島さんは、かつては、その問題を自分の外側にある「現実」の次元のものとして受けとめ、関わってきました。しかし、「魂の学」に触れる中で、問題は「心」とセットになった「カオス」であることを少しずつ体得していったのです。運転手の退職問題はその大きなきっかけでした。

谷島さん自身の「心」――その意識や認識が変わることによって、問題への新たなアプローチが生まれ、これまでにはなかった解決が生まれました。

私たちは、問題や試練――「痛み」「混乱」「停滞」「破壊」の現実を「カオス」と

して受けとめ、自らが成長して変わることを通して、それらを図7の右側にある「歓び」「調和」「活性」「創造」といった光転世界へ運んでゆく。

問題と出会うから、試練に直面するから、私たちは、自己変革とともにそれらを解決し、新たな現実を創造することができるのです。

その姿、そのはたらきこそ、「あなたがそこで生きる理由（わけ）」であり、「あなたの使命」にほかなりません。

3章　次元の鍵

——「心」の進化が世界を変える

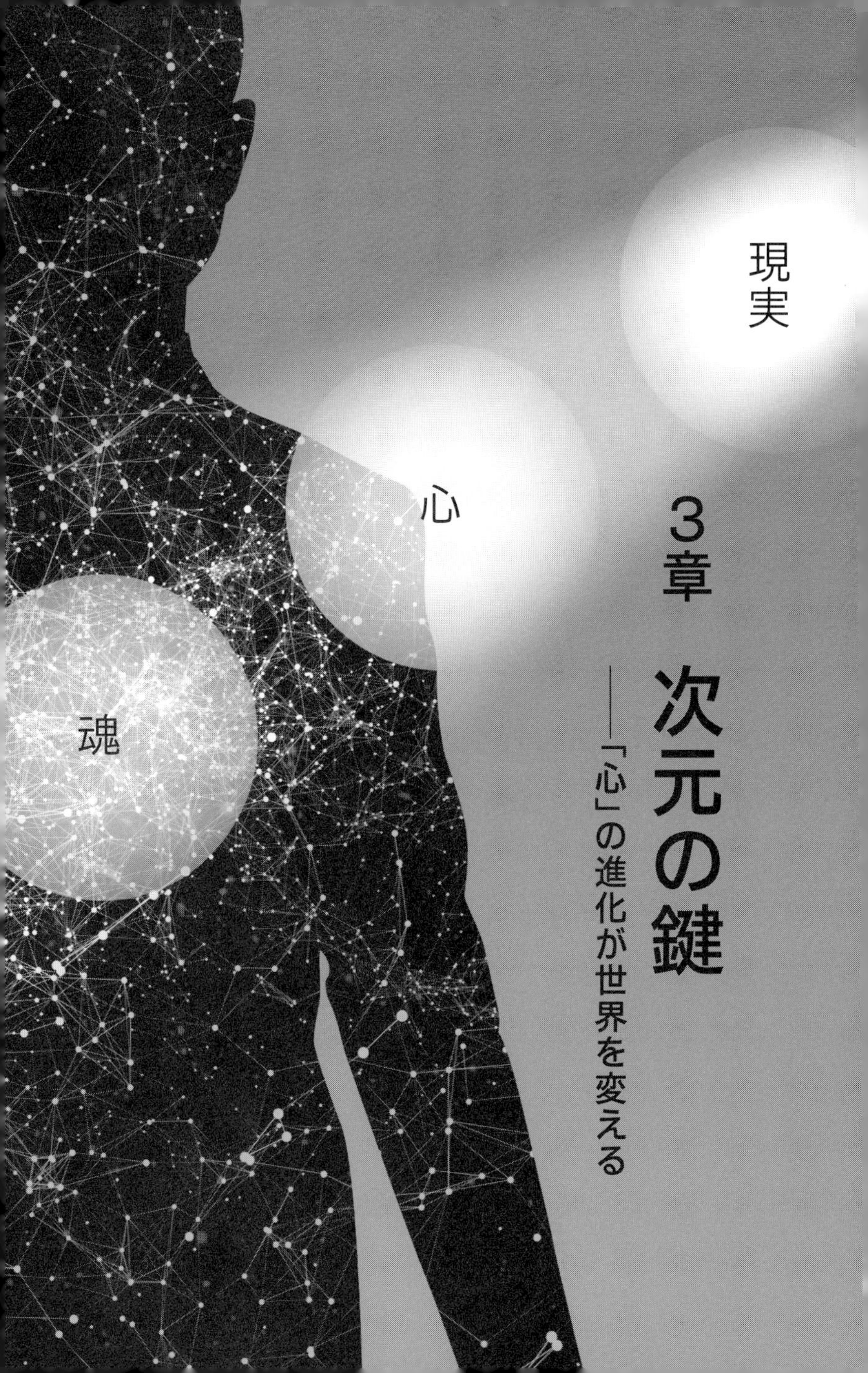

人は誰も「心」という
光と闇の増幅装置を抱いている。
生まれたままの「心」は
マルかバツかの選択に追われ
ときにはすべてを破壊するデストロイヤーを生み出して
本当の呼びかけに応えることもできない。
しかし、「心」の進化を果たすことができるなら
できることは大きく変わる。
壮大なつながりの世界を見出し
自分だけの使命に応えて生きることができるのである。

心の不思議

「心」とは不思議なものです。

自分の家の庭のように身近に感じながら、多くの人は、自らの「心」についてよく知っているわけではないのです。それどころか、いつの間にかそこには雑草が生い茂り、どこに門があるのか、どの小径がどこにつながっているのかさえわからなくなっています。

心の中から生まれてくる「想い」についてはどうでしょう。

それほど深く考えてみたことはないかもしれません。

しかし、心に次々に生まれる「想い」が、実体のある「現実」とは違って、またたく間に消え去ってゆく儚いものであることは、誰もが知っているのではないでしょうか。

「心で思っていても、現実には関係ない」

あなたもそう考えるお1人かもしれません。

そして、「結果」や「成果」を重視する社会の中では、そんな「想い」は「ゼロ」

に等しい——いうならば、「無」の存在でしかありません。

しかし、その「無」であるはずの「想い」から、人間があらゆるものを生み出してきたことも事実です。

周囲を見渡してみてください。あなたの目に入ってくる建物も車も、様々な電化製品も、衣服も本もCDも、それらは、誰かが「こんなものがあったら……」と思ったことから生まれたものです。

私たちの人生もそうです。自分の「心」について多くを知らなくても、その「心」が人生をつくってゆくことは確かなことなのです。

「心」が人生の選択を左右する——人生の樹形図

「心」が人生をつくる——。それは、私たちが日々、「選択」を重ねているということです。1日を考えても、朝から夜まで無数の選択を重ねているのが人間です。

日常の選択ばかりではありません。人生には、進学、就職、結婚、転職、退職など、その後を大きく左右するような岐路があります。また、偶然のように降りかかってく

分岐点

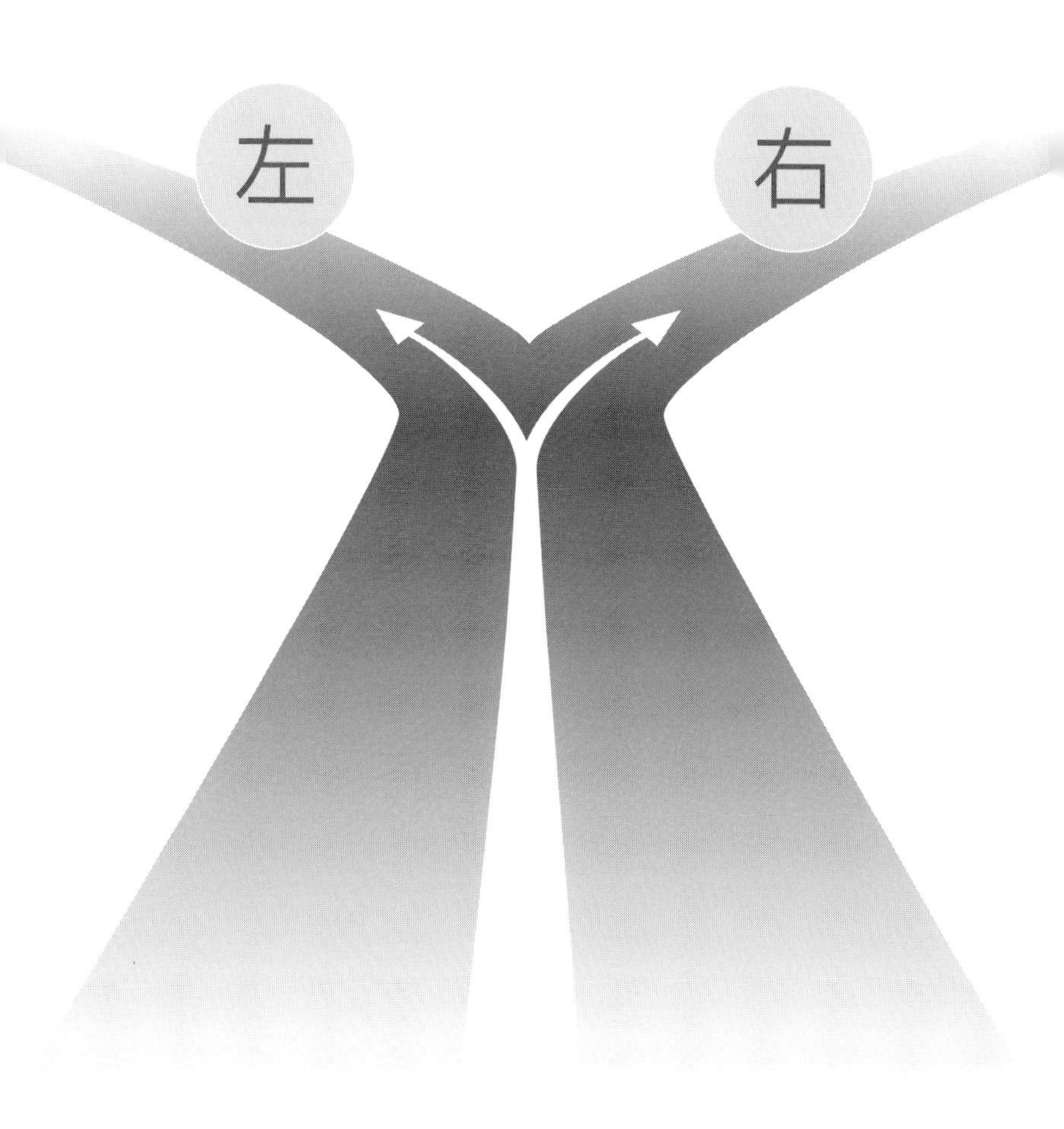

図8

る様々な試練や問題も、あるいは新たなステージへの挑戦も、その岐路をつくり出すものです。

そして、考えてみるならば、日常の何気ない選択が、人生の分岐点となることだって、十分にあり得ることです（図8）。

確かなことは、**人は誰もが、日常においても人生の分岐点においても、「選択」によって進む道を決めていること。その「選択」を左右するのは1人ひとりの「心」だということです。そして、「選択」によってつくりあげられる人生の道すじを、私は「人生の樹形図」（図9）として表しています。**

1つの選択をするということは、他を選ばないということです。図9のように、1本の幹からどんどん枝分かれしてゆく樹の形の中で、「心」は「選択」の積み重ねによって、1本の道すじを決めてゆくのです。光転し上昇するか、暗転し下降するかは「選択」次第。無数の選択によって上昇下降を繰り返す1本の道こそ、他に同じものは1つもない、あなたの人生の道すじです。

もし、あなたの「心」が歪みを抱えていたらどうでしょう。自分では正しい選択をしているつもりでも、思いもしない方向に進んでしまう。そればかりか、本当は花開

人生の樹形図

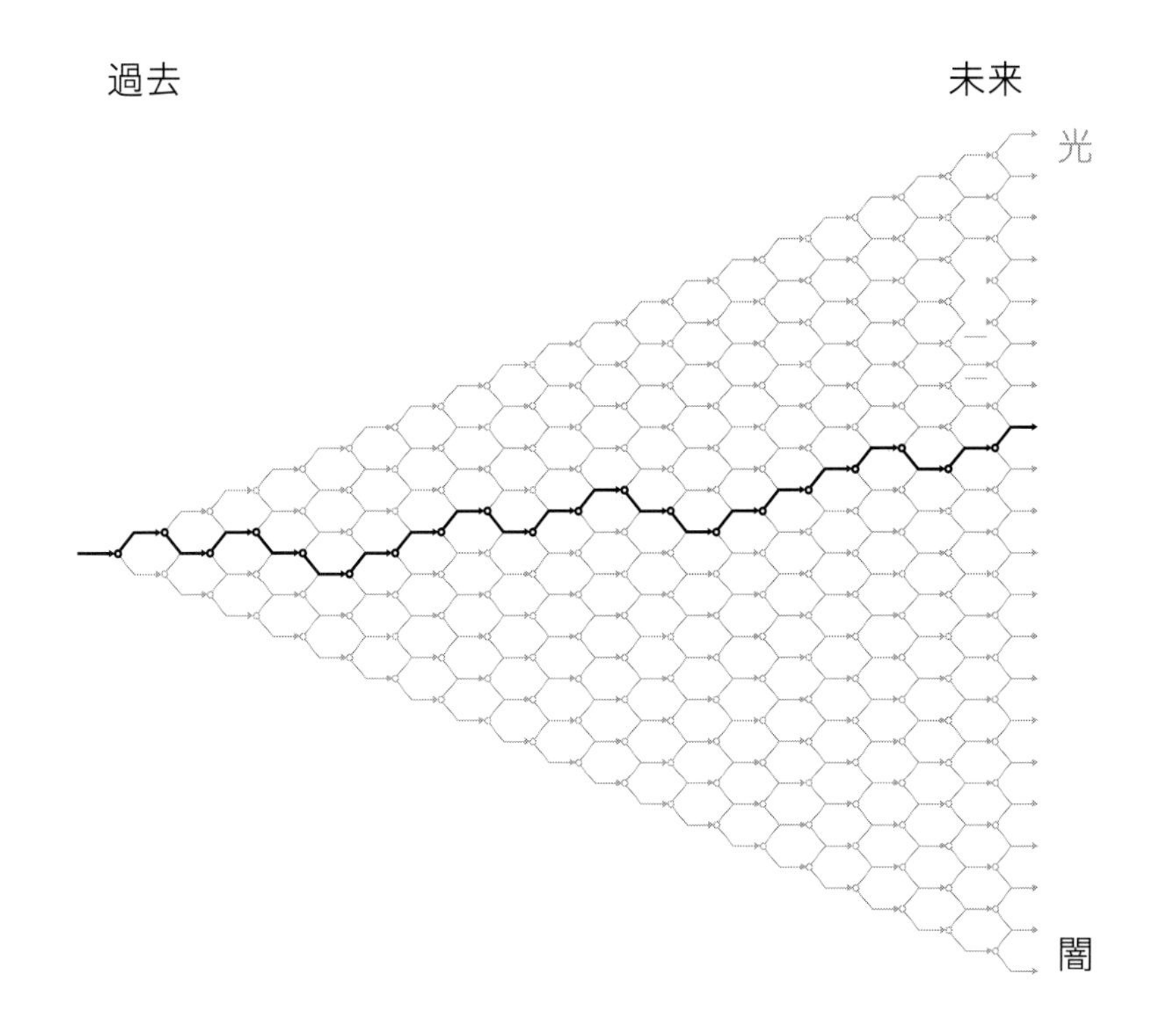

図9

くはずだった可能性を無に帰してしまいます。予定されていた未来をお蔵入りにしてしまうのです。そして、人生の形をまったく変えてしまうことすらあり得るのです。

「心」は大きな問題を抱えている――マルかバツかの尺度

実際、私たちの「心」は大きな問題を抱えています。

「心」は、物事や事態に対して、常に「マルかバツか」という尺度で選択してしまうのです。

あなたはいかがでしょうか。思い当たるところがありませんか？

そうしてしまうのは、人間には「快感原則」がはたらいているからです。

「快感原則」とは、「快」を引き寄せ、「苦」を遠ざけるという原則です。生物にとって、快か苦か、生きやすいか生きにくいかは、決定的に重要なことです。生きにくければ、それは即、死を意味するからです。「快＝生きやすさ」を引き寄せ、「苦＝生きにくさ」を遠ざけることは、生命体としての本能であり、すべての生物――もちろん人間にとっても不可欠なものです。

マルかバツか

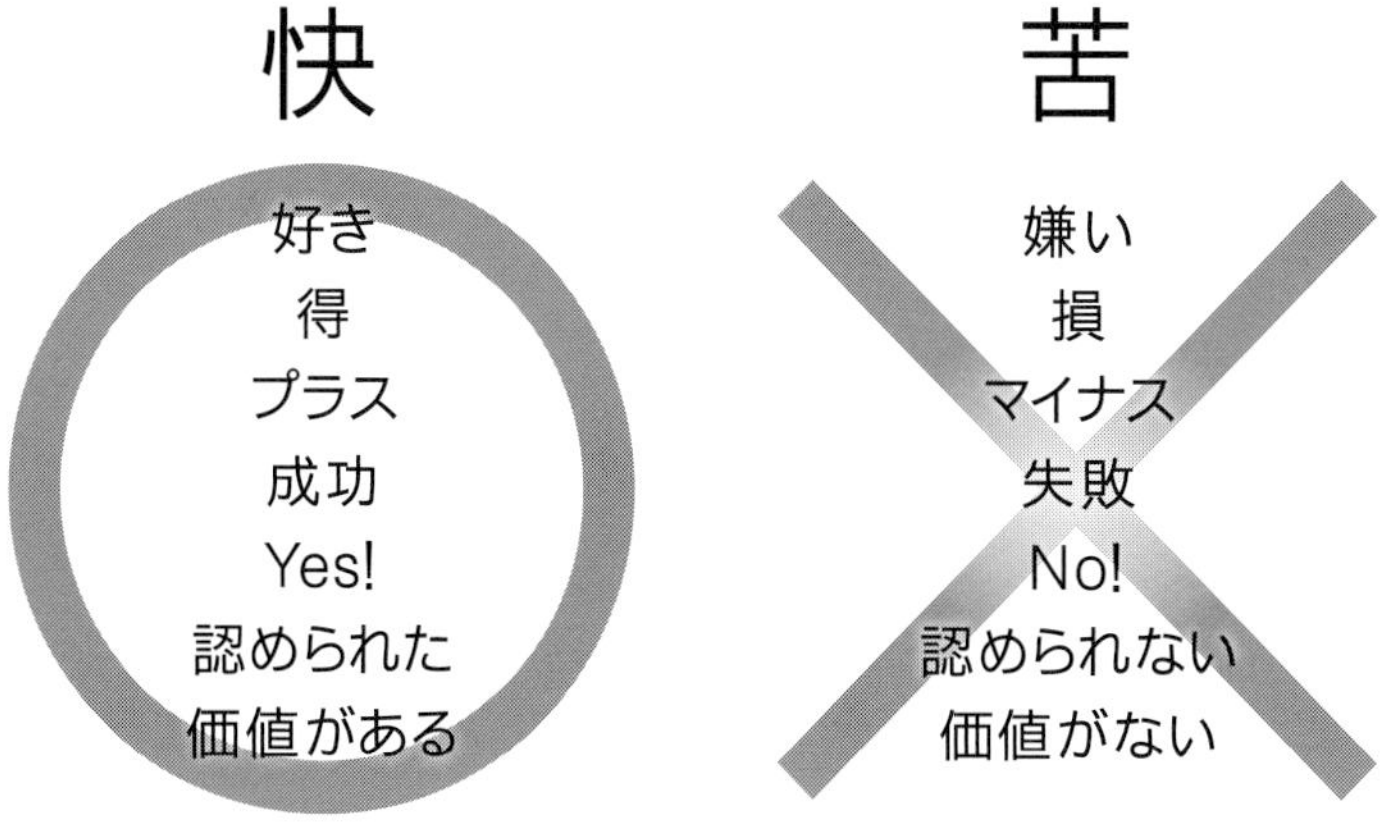

「マル」か「バツ」かのレッテルを貼って、
人は快苦の振動を繰り返してしまう

図10

つまり、私たちは皆、「快」「苦」に敏感にならざるを得ない。そして、快感原則は、感覚的な「快」「苦」の刺激だけではなく、あらゆる刺激にそれを適用してしまうのです。

図10をご覧ください。マル＝「快」か、バツ＝「苦」か。目の前の出来事が、どちらのグループに属するのか。私たちはそのことをいつも気にし、それが決定的になってしまう。マルかバツかに一喜一憂を繰り返し、快苦の振動に翻弄されているのです。

でも、よく考えてみてください。たとえば、優劣1つとっても、どちらの人間が優れ、どちらが劣っているかを決めることは容易なことではありません。

人は皆、多様な側面を持っている存在であり、1つの面の優劣では決められないからです。学校の成績は芳しくなくても、別の面で優れている人はたくさんいます。

成功・失敗だってわかりません。失敗がその後の成功につながることは数知れず、新しい技術や製品が生まれる過程には、無数の失敗が横たわっているものです。逆に、成功がその後の失敗の要因になってしまうこともあります。

それが、前章で取り上げた、事態は「カオス」ということです。

それなのに、マルかバツかの尺度だけで生きてしまうなら、どうでしょう。私たちは、真実とはズレた判断をし続けることになってしまうのではないでしょうか。
マルが来ると有頂天になり、バツが来ると真っ逆さまに落ち込んでしまう。それだけではありません。私たちは、人生の条件である３つの「ち」を引き受ける中で、心に１つのクセを抱くようになります。

マルの刺激に安心し、すぐに意識が眠ってしまう人がいます。

マルが来ると、自分を過信して、周囲の意見が聞けなくなる人がいます。

逆に、バツの刺激に敏感に反応し、過剰な攻撃を仕掛けてしまう人がいます。

あるいは、バツの刺激にすぐにあきらめ、落ち込んでしまう人もいます。

マルかバツかに翻弄されるとは、まさにこういうことです。そんな生き方を続けていたらどうでしょう。人生の事実、世界の実相からかけ離れていってしまう。私たちの心は大きな歪みを抱え、現れるはずの未来も消し去られてしまうのです。

心の進化が世界を変える

しかし、「心」が変われば、一瞬一瞬の選択が変わり、まったく違う「現実」が現れるのです。

たとえば、失敗するとすぐに挫け、あきらめてしまう「心」が、あきらめない「心」に変わるなら、ものごとを成し遂げることができるようになります。

また、いつも他人を見下していた「心」が、敬意を抱く「心」に変われば、人間関係が大きく変わるでしょう。心から協力し合い、1人では決してできないことができるようになるのです。

ぜひ覚えておいていただきたいことがあります。

それは、**私たちの「心」は、進化することを望んでいるということです。「心」は、もっと深く感じたい、もっと多くに応えたいと思っているのです。**

その「心」は、感覚・感情・思考・意志というはたらきを抱いています。

それらは、機械のように固定化されたものではなく、それぞれが進化するものです。

今まで感じられなかったものが感じられるようになり、それまで抱いたこともない心情や共感をもって接することができるようになり、考える力が一段とクリアになり、揺れ動いていた意志が不動のものになってゆく――。

そのように**「心」が進化するとき、それに呼応するように現実が変わり、世界が変**

わります。心の進化が世界を変えるのです。

そして、人生の樹形図（図9）に現れる人生の道すじも大きく変わってゆくことになります。

現在、都内の病院の総合内科の医師として、地域医療連携センター長という重責を担われている池田啓浩さんは、まさにその転換を経験したお1人です。まず、池田さんの勤務先の病院で起こった1つの出来事から話を始めたいと思います。

緊急事態――病院間の軋轢

数年前のことです。1人の患者さんの受け入れをめぐって、池田さんが勤務する病院と近隣の病院との間に深刻な軋轢が生じるという事態が発生しました。

この患者さんは、もともと池田さんの病院にかかっていた高齢の女性で、慢性心不全と認知症を抱えており、気むずかしいところのある方でした。

しかし、この患者さんが転んで骨折したため、急きょ、家の近くのA病院に入院。

頭に慢性硬膜下血腫が見つかりましたが、A病院にはその治療設備が整っていないため、池田さんの病院に転院することになりました。

池田さんの病院の外科医は、治療後、症状が安定したので、この患者さんをA病院に戻そうとしましたが、A病院が受け入れを拒否するという事態になったのです。

A病院の言い分は、この患者はもともと池田さんの病院の患者さんだから、そちらで引き取るのが筋ではないかというものでした。

ところが、その対応に外科部長が激怒。今後、A病院からの患者の受け入れはしない、関係を断絶すると言い出したのです。

池田さんは、これまで理不尽に感じることがあると、それを徹底的に糾弾してきました。かつての池田さんだったら、外科部長と一緒にA病院に怒鳴り込みに行っていたかもしれません。

しかし、すでに「魂の学」を長年にわたって学んできた池田さんは、このとき、まったく異なる選択をしたのです。

チャンスはピンチの顔をしてやってくるかもしれない

池田さんは、この事態が起こったとき、これまでの研鑽を土台にこう考えました。

「チャンスはピンチの顔をしてやってくるかもしれない」

一見、この出来事は病院間の深刻な軋轢となり得る危機です。対処のしようによっては大きな禍根を残しかねないものでした。

しかし、池田さんは、それをまず、まだ形もなく結果も出ていない「カオス」と受けとめました。そして、これを機に2つの病院の関係を改善できるかもしれない。区内にある4つの病院の関係を一気に改善するチャンスにすることはできないだろうかと考えたのです。

当時、池田さんは、地域医療連携室長に就任したばかりでした。その挨拶ということを理由に、A病院を訪問しました。院長、副院長と面談し、関係改善を確認。池田さんがそれを病院長に報告することで、地域の主要4病院の院長会開催のきっかけとなりました。まさに、地域医療連携の新たなステージが始まったのです。

「患者さんファースト」

なぜ池田さんは、このような未来をつくることができたのでしょうか。

それはもちろん、池田さんが「魂の学」を学び、事態を「カオス」と受けとめることができたからです。

しかし、**何よりも重要なのは、医療者である池田さんの中に「一番大切なのは患者さん。患者さんの命を守ること以上に大切なものはない」という「患者さんファースト」の揺るぎない中心軸が打ち立てられていたことです。**

先ほどの高齢の女性に対して、双方の病院が、相手が患者を受け入れるべきと主張し、対立していたとき、池田さんは、その決着をつけるよりも、何よりも患者さんを守るための信頼関係をつくることを選択したのです。

医療の現場は、常に一瞬一秒を争う待ったなしの事態の連続です。その中で、病状を少しでも改善し、患者さんの命を助けたいと、日夜心血を注いでいる医師は少なくありません。

しかし、その一方で、自分の都合を優先したり、経済的な状況で対応を変えてしまったりすることもあります。大学病院などでは、立場や権威、自分の学説を優先した医療が行われてしまうこともあると言われています。

「患者さんファースト」は、それだけ尊い姿勢なのです。

「自分ファースト・患者さんセカンド」

しかし、実は、かつての池田さんはそういう医師ではありませんでした。

どちらかと言えば、「自分ファースト・患者さんセカンド」だったのです。

もちろん、医療に対して真剣でなかったわけではありません。九州大学医学部を卒業後、順天堂大学医学部附属病院の責任ある立場を歴任。懸命に技術や知識を磨き、将来を嘱望される優秀な医師として歩んできました。

池田さん自身、「できる医者」をめざして、ひたすら頑張ってきたのです。

当時の池田医師の態度は、こんな感じでした。

「自分は正しい。患者さんは、私の言うことを聞いていればよい。反論は許しません」

「あなたはこういう病気だからこの薬を飲みなさい」……

患者さんは、人間というよりも1つの症例に過ぎず、名前でなく、病名で覚える。つまり、そこにいるのは鈴木さん、佐藤さん……という名前を持った生身の1人ひとりではなく、「肝硬変さん」「胃潰瘍さん」「食道癌さん」といった具合です。

診察のときも、患者さんの顔を見ることなく、コンピュータのモニターに映るデータだけを見ていました。

しかし、それでは患者さんの状態を本当に「診る」ことはできないでしょう。

患者さんの評判も悪く、こんな投書が病院に届きました。

「池田先生は、ちっとも話を聞いてくれない」「がっかりした」

「態度が悪い」「あんなひどい医者は見たことがない」……

池田さんは、ますます意固地になり、最初から「こちらも疲れているんだから、あなたの言うことは聞きたくない」という態度で、患者さんが話し出すと、あえて遮っていたのです。

「デストロイヤー」（破壊者）の現実

それは、患者さんとの関係だけではありませんでした。

医局内でも病院内でも、池田さんは、先輩だろうが教授だろうが、おかしいと思えば、それが事実かどうかにかかわらず、とことん突っかかっていったのです。周りに誰がいようとかまわない。正論をかざして激しく批判し、口論してゆくのが池田さんでした。いったん始まると、もう誰も手がつけられない。そんな状態でした。

とにかく、周囲の足りなさ、問題が目についてしまう。ときには悪意さえ感じてしまう――。それを根拠に、あたりかまわず容赦なく切り刻んでしまう。

当然、人間関係は殺伐としたものになり、上司との関係もむずかしくなります。

池田さんは新しい職場につくと、必ずと言ってよいほど、対立と軋轢を生じさせ、人間関係を断ち切って孤立――。その場にいられなくなって、自分から飛び出すこともあれば、様々な事情の中で、異動となることもありました。

とりわけ池田さんに現れていた1つのパターンは、権威ある立場の年上の男性に反旗を翻すというものでした。

研修医時代は、上司の医師と対立して犬猿の仲に。

離島の病院では、今までのやり方を守ろうとする事務長とことごとく対立。

練馬の病院では、赴任早々、最初の1カ月間に外来の看護師と2回、診療所の医師、他院のケアマネジャーと4回も衝突。

高齢者医療センターでは、外科医師とのトラブルで自ら辞職。……

そんな出来事は、枚挙に暇がありません。

練馬の病院では、あまりに立て続けに衝突が起こったため、池田さんは、「練馬はずいぶん怒りっぽい人が多いところだな」と真剣に思っていたそうです。

自分の怒りが事の発端になっていることには気づいていなかったのです。

どんなに願っていることがあっても、理想と現実は乖離し、願いとは裏腹の現実が生まれてしまう。**池田さんの中に、まさに自分でもコントロールできない、周囲のすべてを破壊し尽くす「デストロイヤー」が潜んでいたのです。**

「デストロイヤー」の心

なぜ、あんなことを言ってしまったのか。

どうしてあんなことをしてしまったのか――。

いけないとわかっていたのに、一瞬のうちに切れて爆発してしまった。投げ出してはいけないものを投げ出してしまう。積み上げてきた信頼の一切を無に帰してしまう。覆水盆に返らず。あとの祭り――。

あなたは、そんな経験をしたことはありませんか。

自分では、そんなつもりはないのに、事態をダメにし、壊してしまう。なぜそうなるのかわからない。スイッチが入ると攻撃が止まらなくなる……。

それは、私たちが心に「デストロイヤー」を住まわせているようなものです。何かのきっかけがありさえすれば、それは外に出てきて、あたりかまわず壊してしまう。程度の差こそあれ、この「デストロイヤー」を抱えている人は少なくありません。

「デストロイヤー」を放置すれば、必ず恐るべき損害を自らにもたらすことになります。本来、すべてを生かすための能力が破壊する力に変質し、ときには自らの身体を脅かすことさえあるのです。

実際、池田さんも、長い間、慢性蕁麻疹をはじめ、様々な病気に悩まされていました。しかし、池田さんの内なる「デストロイヤー」が鎮まると、嘘のように体調がよくなり、元気になっていったのです。

ここで一言、付け加えておきたいことがあります。

「私の中には、『デストロイヤー』はいない」という人も安心できません。なぜなら、私たちの人生を壊すのは、このような攻撃的・暴力的な「デストロイヤー」だけではないからです。

何かあると「もうダメだ」と悲観し、悪い方にばかり考えてあきらめてしまう人。

逆に、他人の声に耳を傾けず、自分の力を過信して突き進む人。

あるいは、大きな問題がなければ安心し、楽になろうとする人。

実は、これらの人の中にも、人生を壊す回路が潜んでいます。その生き方を抱える以上、本来、現れるべき未来は消し去られ、現れるはずではなかった現実が生まれてしまうのです。

苦・暴流の心の光と闇

「デストロイヤー」の心は、「魂の学」で「苦・暴流」と呼ばれる心の回路です（図11）。

「苦・暴流」には、「恨みの強い被害者」という別名があります。被害者というだけに、「苦・暴流」の心は、強い被害者意識を抱え込むことが多く、あらゆることに悪意のサインを見出してしまいます。そして、それが事実かどうかにかかわらず、そうだと思った途端、攻撃のスイッチが入ってしまうのです。

特に池田さんが相手を打ち負かすために研ぎ澄ませたのは、「批判」の受信、「正論」の発信でした。相手の不足や問題点をいち早くキャッチする「批判」の受信。そして、相手の非を鋭く突く「正論」の発信。そこには、「私はあなたよりも上」という優位の意味合いが強く込められています。池田さんは、その受発色によって「破壊」の現実をつくってきたのです。

しかし、図11の左側に示されているように、**「魂の学」では、人間の闇の心――「デストロイヤー」という心は、世界の理に従うことによって、光の心に転じることがで**

苦・暴流の光と闇

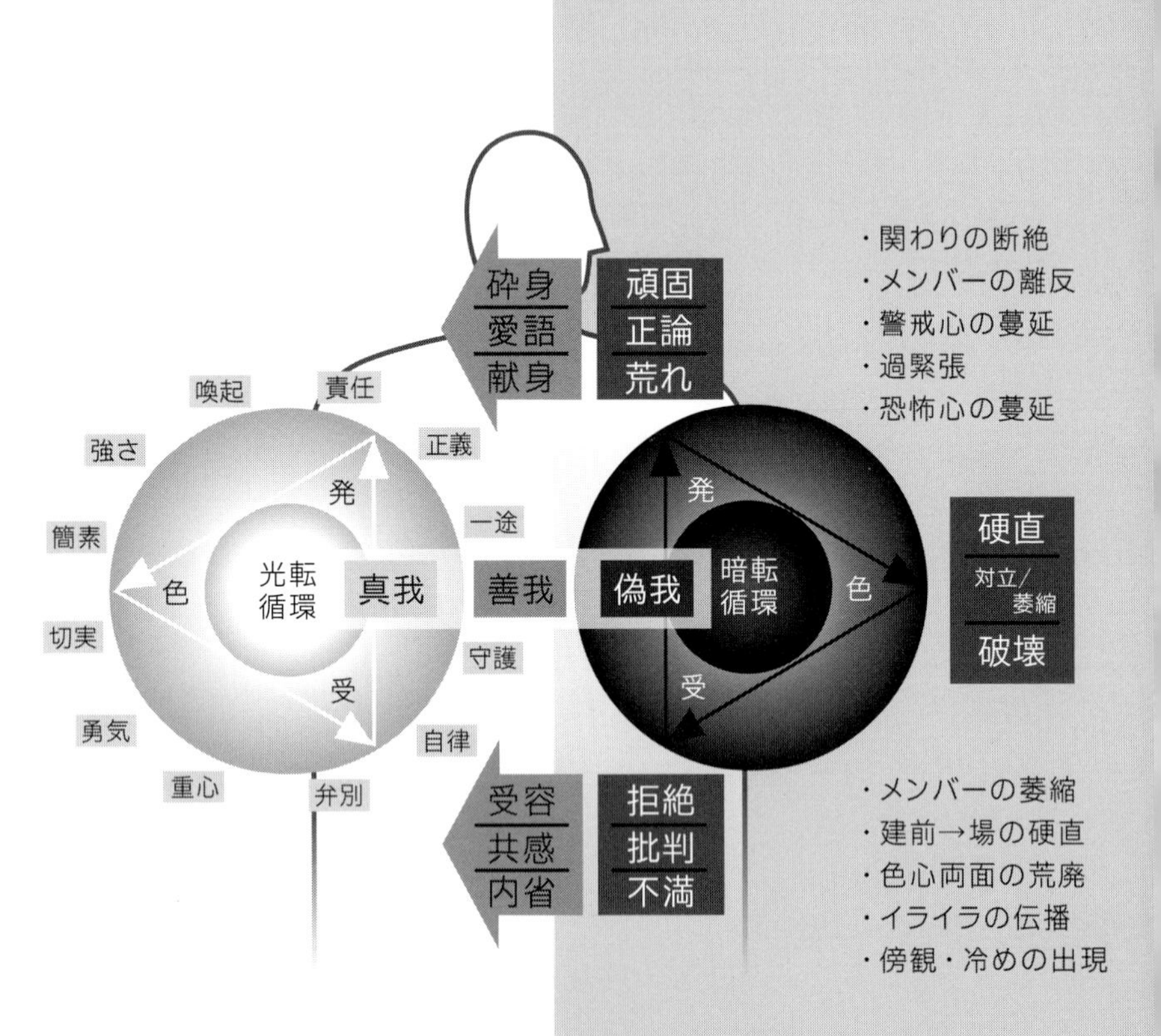
砕身
愛語
献身
頑固
正論
荒れ
・関わりの断絶
・メンバーの離反
・警戒心の蔓延
・過緊張
・恐怖心の蔓延
喚起
責任
強さ
正義
発
一途
簡素
光転
循環
色
真我
善我
偽我
暗転
循環
色
硬直
対立／萎縮
破壊
切実
守護
受
勇気
自律
重心
弁別
受容
共感
内省
拒絶
批判
不満
・メンバーの萎縮
・建前→場の硬直
・色心両面の荒廃
・イライラの伝播
・傍観・冷めの出現

図 11

きるのです。

もし、「苦・暴流」の強いエネルギーを転換することができれば、その奥から強い「正義感」や「責任感」、「一途」で「切実」な「勇気」が姿を現します。

これはどういうことなのでしょう。

この世界にあるすべてのものは、単一の性質だけで成り立っているものはほとんどありません。多くの場合、光と闇が表裏のように結びついています。プラスとマイナス、優劣、利害といった、相反する極性を内に抱えているのです。つまり、どんなにマイナスに見えても、そこにはプラスが隠れていて、不利としか思えない状況でも、そこには大きな利益をもたらす可能性が含まれているということです。

池田さんの場合も、「魂の学」の実践を深めてゆく中で——多くの人と一緒に人生の法則を学んだり、互いに切磋琢磨し合ったり、先ゆく実践者の歩みに触れたりする中で、光転の資質——患者さんや場を守ろうとする責任感、徹底して原因を求める探究心が育まれていったのです。その輝きは、一朝一夕に生まれたものではありません。

著者は、講演の中で池田さんを舞台に呼び、「魂の学」によって人生と世界がどのように変貌していったのか、その歩みを紐解いていった。その中で、本人の記憶の底に沈んでいる事実が明らかになることも少なくない。「心」が変わったからこそ、人生の様々な岐路における1つ1つの選択が変わり、その後、想像もしなかった未来が開かれてゆく。それは、人間と世界を貫く峻厳な法則にほかならない。

もし、かつての池田さんが、先ほどの患者さんの受け入れの問題に関わっていたら、どうなっていたでしょう。いうまでもなく、あのような現実を導くことはできなかったはずです。

池田さんの中に生まれた「患者さんファースト」の想い――。

それは、池田さんと患者さんの関係を劇的に変化させてゆきました。

かつての池田医師にとって、患者さんは名前のある1人の人間ではなく、単なる病名や症例に過ぎなかった。しかし今、患者さんを前にする池田さんの心には、その方の人生、心の中にある痛みや苦しみが伝わってきます。

そして、1人ひとりの患者さんの心と人生を受けとめようとする池田さんの心が、その方の人生を変えてしまうこともあるのです。

声なき声を聴こうとする医師

つい最近も、腎臓が悪く、尿毒症の症状が出ている50歳くらいの女性の患者さんとの出会いがありました。

この患者さんは、主治医が透析を勧めても、「もう死んでもかまわない」と拒絶し、

かつての池田医師にとって、目の前の患者さんは名前のある1人の人間ではなく、単なる病名や症例に過ぎなかった。しかし今、池田さんは、患者さんの声なき声を聴き、その方の心の中にある痛みや苦しみまで受けとめることができるようになった。過去、「あんなひどい医者はいない」とまで言われた池田医師は、今や地域で評判の先生に変貌したのだ。

いつも投げやりな言葉をぶつけてきて、主治医もさじを投げている状態でした。
傍でその様子を見ていた池田さんは、思うところがあって、この方を自分が引き受けたいと思いました。そして、主治医の了解を得て、自分の外来に来てもらうことにしたのです。

診察室で話を聞くと、かつてアルコール依存症で、拒食症になったこともあり、全身には入れ墨がありました。この方がこれまでの人生で味わった痛み、苦しみが、池田さんの心に沁みこんできました。

この方にとって、池田医師ほど親身になって話を聞いてくれた人は、人生で初めてだったのかもしれません。

「今はこうなってしまっているけれど、この方の中には必ず蘇る力がある。私はそれが信じられる」

池田さんはそう思いました。そして、こうお伝えしたのです。

「とにかく、死ぬという選択だけはしないでください。生きていてなんぼですよ」

診察のたびに、池田さんはこの方の想いに耳を傾け、自分の気持ちを伝え続けました。その結果、この方は透析を受けるという選択をされたのです。

かつての池田さんは、聞いてほしいという患者さんの声さえ無視していました。それなのに、今の池田さんは、誰(だれ)にも本心を話さない患者さんの声なき声まで聴くことができるようになったのです。

最近では、池田さんを指名して診察を受ける患者さんがかなり増えてきたと言います。あるとき池田さんは、そのお1人に「何で私をご指名なんですか」と聞いてみました。すると、「近所のおばちゃんたちの集まりで、池田先生はいいわよと言われたんです」。かつて「あんなひどい医者はいない」と批判(ひはん)されていた池田医師が、今や地域で評判の先生になっているのです。

そうなる理由(わけ)があった――3つの「ち」と誤った信念

池田さんの心は、そこまで変わってしまったということです。

そして、こんな池田さんを知れば知るほど、以前の池田さんは何だったのかと思わずにはいられません。

かつて池田さんが抱(かか)えていた「デストロイヤー」。どうすることもできない破壊(はかい)の刃。なぜ、そこまで刃を研ぎ澄ますことになってしまったのでしょうか。

そうなるにはそうなる理由があったのです。

それは3つの「ち」――その中心にあったのは「血」、特に父親との関係でした。

池田さんは、生まれ育った実家にはよい思い出がありません。なぜなら、そこは、池田さん自身が「修羅の家」と呼んでいたほど荒れた場所だったからです。

物心がついた頃には、両親はいつも仲違いし、険悪な雰囲気でした。毎日のように夫婦喧嘩の声が響いていていました。

池田さんが中学生のとき、母親が家を出て1週間ほど帰らなかったことがあります。出て行くとき、父親は「2度とこの敷居をまたぐな！」と怒鳴っていました。目の前から母親がいなくなった――。池田さんは、「自分は捨てられた。独りぼっち。もう誰も信じられない」。そんな気持ちになりました。

池田さんの父親は、造船所でリベットを打つ職工の家に育ち、長崎の大学を卒業後、全日制の高校の社会科と簿記の教師をしていました。

ところが、職員室で、女性の事務員の言動に腹を立て、怒り狂って職員室中を追いかけ回すという事件を起こし、高校にいられなくなってしまいます。さらには、転職した定時制の学校でも問題を起こし、最終的には県外の高校に移らざるを得なくなりました。

もともと被害者意識が強く、妄想的なところがあった父親でした。女子高生が一緒に笑いながら話をして道端を歩いていると「あれは自分のことを笑っている」と言ったり、道を歩いていて肩がぶつかったりすると「あいつはわざとぶつかった」と言うほどでした。

また、自宅の家の表札には、4人家族の名前だけではなく、架空の4人の男性の名前を書いて、世間を警戒していました。家に電話を引くときも、妻の名義にして、電話帳に自分の名前が載ることを避けていたのです。いつも「世の中、悪人ばかりだから気をつけろ」「玄関を出たら敵ばかりだ」と口癖のように言っていました。

それだけに、勤め先での処遇は、ますます父親の被害者意識を強め、その怒りの矛先は家族にも向かったのです。

そんな父親から流れ込んできた心の傾き。その心で生きてゆけばゆくほど、池田さんは、人間不信、世界不信を強めざるを得ませんでした。

ラブレター事件——もう父親との関係は終わった

高校時代に1つの事件がありました。

池田さんの姉が、池田さんの知人に好意を抱いてラブレターを書き、それを池田さんが仲介したときのこと。池田さんは、自分を差出人にした封筒の中に、そのラブレターを入れて郵便に出しました。

ところが、切手の料金不足でその手紙が家に戻ってきてしまったのです。

その日は、ちょうど家族で海水浴に出かけた日。父親だけが家に残っていました。

楽しい1日となった海水浴から家に戻ってくると、父親の様子が変でした。

あわてた母親が父親のところに行って、事情を知ることになります。

父親は、戻ってきた手紙を開封し、中身を読んでしまったのです。

「親に隠れてこんなことをするとは何事だ！」

「もうお前たちとは親子の縁を切る！」

激怒し、そう言い切ったのです。

母親は泣きながら、池田さんたちに向かって「すぐにお父様に謝りなさい！」と言うばかりでした。

しかし、動転（どうてん）した事態の中で、池田さんは醒（さ）めきっていました。

「人の手紙を勝手に開けるなんて、人間として最低だ」

「これでもう父親との関係も終わった」

「こんな父親は人生から消えてほしい」

そんな気持ちだったのです。

それ以来、木刀（ぼくとう）を持ち、何かあったら父親に制裁（せいさい）を加えるしかないと考えていた時期があったほどです。

人間復興（ふっこう）の時代

しかし、池田さんは、そこからまったく異（こと）なる道を歩み始めるのです。

すぐ感情的になり、怒ったり、恨（うら）んだりする自分の心をもてあました池田さんは、「心の平静（アタラクシア）」を求めていろいろな本を読みあさりました。

そして、高校3年生のとき、長崎の図書館で私の本を手にします。

親子を対象とした「かけ橋セミナー」での講演の後、参加した子どもたち1人ひとりの心の声を受けとめてゆく著者。小さな子がそれまでの自分の行いを後悔し、「これからはこのように生きます!」とほとばしるように語る姿は、聞く者の胸を打たずにはおかない。たとえまだ幼くても、魂の中には、この世界でどうしても果たしたい願いが強く息づいているのだ。

「これだ！」と思いました。

そして、ふと見ると、何と、当時、父親の命令で通わせられていた合気道の先生が寄贈した本だったのです。不思議なご縁を感じた池田さんは、「魂の学」を少しずつ学ぶようになりました。

それから約1年後、医学部の学生になっていた池田さんは、思いがけず自分の心の奥にあった願いを発見することになります。八ヶ岳山麓で開催されている親子対象の「かけ橋セミナー」の映像を観たときのことでした。

セミナーでは、私の講演の後、参加者の子どもたちが、研修の中で発見した心の願いを発表する時間があります。私は舞台上で、1人ひとりを迎え、その心の願いを受けとめさせていただくのです。

ある男の子が、家庭の中でのこれまでの自分の行動を振り返り、あふれる後悔の気持ちとともに、やり直しを誓いました。そのとき私は、ちょうど会場にいらしたご両親も舞台の上に誘いました。すると、舞台上で、男の子と両親がそれぞれ新たな気持ちで生き直すことを約束し合い、すれ違いがあった家族の気持ちが1つになってゆきました。

その様子を見ていた池田さんは、いつの間にか涙を流している自分に気づきます。涙は次から次にあふれてきて、とどまることがありません。

自分でも驚きました。そして、心の奥からこんな想いが湧いてきました。

「あんなふうに家族で心を通わせることができたら、どんなにいいだろう。できることなら、自分もああなりたい……」

なんと、自分の中に思ってもみなかった「願い」があった——。

池田さんにとって父親は、人生から消し去ってしまいたいほど嫌な存在でした。しかし、その父親と本当は絆を結びたいと願っている自分がいることを発見したのです。

結婚式事件——もうどうにでもなれ

しかし、そんな願いを発見しても、事態は思うように進みませんでした。

父親との関係は一層むずかしくなり、こじれていったのです。

たとえば、池田さんが結婚を決意したとき、父親に報告すると、父親は「反対」。理由を聞いても何も言いません。

要するに、池田さんのすることには全部反対なのです。

結局、父親の発言を無視して、結婚の段取りを進めてゆかざるを得なくなります。

それでも、結婚式が近づいてきたとき、池田さんは、父親にも式に出てほしいと思いました。きっと礼服も持っていないだろうと心配し、姉と2人で父親の礼服を用意し、招待状と一緒に送りました。

ところが、父親はそれを受け取らず、送り返してきたのです。

「ここまでするのか。もう知らない。どこかで勝手にのたれ死ね！」

池田さんは、思わずそんな気持ちになってしまいました。

絆を結び直す

しかし、その父親も年齢とともに身体が弱り、老い先もそれほど時間がなくなってきました。池田さんは、当時、自分が勤めていた埼玉の病院に父親を引き取り、面倒を見ることにしたのです。

診察の合間に顔を見せては、「大丈夫？」と声をかけて背中をさすったり、「心配しなくていいからね」と言って安心させたりしたのです。

するとどうでしょう。最期が近づくにつれて、父親は「ありがとう」「すまないね」と、かつて言ったこともない言葉を口にするようになりました。

亡くなる前日、「もう今しかない」と思った池田さんは、積年の恩讐を超えて、「お父さん、今まで本当にありがとう。育ててくれてありがとうね」と心から伝えることができたのです。

そして、池田さんの父親は、2013年8月、91歳の人生を終え、次の世界へ旅立ってゆかれました。

最期を看取って数カ月が経ったとき、池田さんは父親の夢を見ます。濃い灰色の世界で、骨と皮だけになった父親が宙を漂っている。生きているのか死んでいるのかさえわからない――。それはあまりにリアルで、とても夢とは思えないほどでした。

「ああ、親父の魂は今、こういう状態なんだ。何が何だかわからない状態でさまよっているんだな……」

それからしばらくして、あるセミナーの終了後、私は、何組かの方々との出会いの時を持たせていただきました。その中に、池田さん姉弟もいらっしゃったのです。

池田さん姉弟に近づいたとき、突然、私の心にいくつもの光景が、懐かしさを伴って奔流のように流れ込んできました。それは、池田さんの亡きお父様の魂からのヴィジョンでした。

お父様は、自分が死んで別の世界にいることをまだはっきりと理解できずにいました。

「今ここに、お父様がいらっしゃっています。あなたたちの想いに引き寄せられて、ここまで来られたんですよ。いろいろなことを思い出されている。お父様は、最初、ご自分がどこにいるのか、はっきりとおわかりになっていなかった……」

亡くなった母親の姿が見えた父親は、「死んだはずの母さんがどうしてここにいるのか?」と何度も尋ねてきました。池田さんたちに諭され、ようやく状況が飲み込めたのです。

「でもね。あなたたちが、これまでずっと呼びかけてくれたお陰で、様々な明るい思い出が蘇ってきています」

そうお伝えすると、湿り気を含んだ夏の風が吹いてきました。そして辺りが明るくなり、高台の家が映りました。

「長い長い坂の上にある家ですね。１００段以上もあるでしょうか。その階段の先に家があります」「お母さんですね。スーパーで買った荷物を持ち上げて運んでいる姿が、お父様のまぶたに焼き付いているんです」「お父様は本がお好きでしたか。書店の店先が見えます。大塚書店ってわかりますか。よく本を買いに行ったって……。中央軒の中華料理を食べに行ったとおっしゃっています」

　すると、一瞬息が止まりそうになりました。突然、強い恐怖と憤りがないまぜになった感情が湧き上がり、それから、原爆で焼け野原になった長崎の街が映し出されたのです。

　様々な光景と同時に、「何とかせんと、何とかせんと、こんな不幸があっていいはずがない」という切迫した想いが伝わってきました。

　希望と落胆。明るい気持ちと、それを反転させたようなものすごく暗い想いが渦巻いていました。守ろうとしても守れない。意固地になってどんどん身動きが取れなくなっていった……。

　父親は理想を持って頑張ろうとした。でもうまくゆかず、すべてが悪い方に転がってゆき、心を閉じて意固地にならざるを得なかった。家族に対しても、理不尽に振る舞(ま)うしかなかった。でも、その奈落(ならく)の底でなお、そんな自分に想いを注(そそ)いでくれる子どもたちがいた……。

そしてそう想えたことで、父親は、生前どうしても言えなかったことを、私を通して語り始めたのです。

「俺(おれ)はお前たちを厳(きび)しく折檻(せっかん)した。もう親でも子でもないと。お前たちを殴(なぐ)った。それなのに、どうして呼んでくれた?……結婚式の招待状。まだ俺のここ(胸)にあるんだ。ほら、礼服、お前のところに返しちゃった。俺は何だったんだろうな。ごめんな。お前の気持ちなんてわからなかった(嗚咽(おえつ))。お前のことをわかってやれなかったんだ。ああ、許してくれな。お前に突(つ)っ返して……」

その口調は、紛(まぎ)れもなくあの父親でした。それは、2人にとってまったく予期せぬ出会いであり、想像もしなかった父親の気持ちでした。生前には決して見せなかった本心を、自分たちの前で吐露(とろ)してくれたのです。

そして、あの結婚式の礼服のこと――。父親は、ただ送り返したのではなく、1度袖(そで)を通していたと伝えてきたのです。

それを聞いたお姉さんはハッとしました。そう言えば、送り返された礼服がしわになった紙袋に入れられていたことを、私の言葉で初めて思い出したのです。

あのときは気づかなかった。でも、あれは父が中を見て袖を……。お姉さんは絶句し、涙しました。

池田さんは、袖を通した父親の気持ちを想っていました。

「行ってみようかと思ったのかな。でも、それまでのいきさつで、そんなことはできないと送り返してきた。意地張っちゃって、ばかだな……」

対話が終わった後、池田さんの目には涙がにじみ、父親の人生の哀しみと切なさがしんしんと心に沁みてきました。すると突然、自分をがんじがらめに縛っていた鎖が音を立てて崩れてゆくのを感じたのです。まるで雲1つない青空のように澄みきり、晴れ渡った気持ち――。それまでの人生で体験したことがないほど、すべてがスッキリしました。

それは、あの人生を台なしにしてきた「デストロイヤー」が、池田さんの人生から静かに退場した瞬間でした。

実は、池田さんには気がかりなことがありました。

２人の子どものうち、長男との関わりに不安があったのです。

長女は心からかわいいと思える。文字通り目に入れても痛くないと思える。しかし、息子とは距離があり、自分のところに近寄ってこない。このまま行ったら、かつての父親と自分と同じような関係になってしまうのではないか……。

池田さんは、そのことを恐れました。

ところが、亡き父親の魂と邂逅した日、本当に晴れやかな気持ちで帰宅してドアを開けると、これまで決して自分から近寄ってこなかった長男が、駆け寄ってきて池田さんの足に飛びついたのです。まるで長男の魂は、池田さんが自らの内から「デストロイヤー」を退場させたことがわかっていたかのように。**それもまた、私たちの魂が地下茎でつながっていることを教えているのではないでしょうか。**

魂のつながりの世界がある

ここまでお話しした池田さんの父親の魂のこと。本当にそんなことがあるのだろうかと思う方もいらっしゃるかもしれません。

プロローグでも触れたように、私たちは、あまりにも物質的な世界観に浸かっているため、それ以外の世界があることを信じられなくなっています。

私たち日本人は、古来、魂の存在を信じてきました。人が亡くなると、魂は肉体から離れてあの世に行くと考え、亡き魂の冥福を祈り、法要や供養を繰り返してきました。かつての日本人は――第2次世界大戦前までは、感覚的に死後の魂の存在を信じていたのです。その後、科学的世界観の影響の中で、そうした死生観は人々の間から遠ざけられてゆくことになりました。

しかし、何百年何千年という歴史の中で培われた私たちの内なる魂の感覚が、それだけで本当に消えてしまうのでしょうか。

家族でも友人でも、あなたにとって大切な人が亡くなるとき――。あなたは、その人が本当に無に帰してしまったと受けとめるでしょうか。それとも、姿は見えないけれど、傍にいる。次元は違っていても、宇宙のどこかにいると思うのでしょうか。

あなたは、どちらが本当のことに思えますか。おそらく、後者の感覚の方が遙かに自然で無理のないものではないでしょうか。そう考えるならば、私たちと亡き魂は確かにつながっていると受けとめることです。

多くの人にとって、この世を超えた向こうの世界を確かに知ることはむずかしいことです。けれども、だからと言ってそのすべてを否定する必要はありません。

魂とは、私たちが慣れ親しんでいるこの世＝物質的な世界だけでなく、もっと様々な次元につながる存在です。あの世もこの世も包含した世界全体が、深いつながりで結ばれているのです。

葛藤に満ちた池田さんの人生も、このつながりの世界が現れたとき、癒やされ、本来の重心を取り戻していった――。私はそう感じるのです。

人と人・病院と病院・病院と地域をつなぐ

かつての池田さんの心と魂には、人生の中でつくられた闇のエネルギーが渦巻いていました。そこに、池田さんの心の「デストロイヤー」が生まれました。

その「デストロイヤー」の心を抱えた池田さんが、日々やってくる「カオス」の中からつくり出していた様々な現実は、まさに「焼け野原」――。大学の医局も病院も、同僚や患者さんとの関係も、殺伐とした「焼け野原」でしかなかった。

しかし、池田さんが、現実と心と魂の真実に目覚め、心を進化させたとき、そこから新たなエネルギーが生まれました。そのエネルギーによってつくられる「患者さんファースト」によって、池田さんは、「カオス」にこれまでとはまったく異なる形をつけていったのです。たとえば、患者さんや病院内での信頼関係は、これまで池田さんがつくることができなかったものです。

冒頭にご紹介したように、今、池田さんは、地域医療連携センター長という重責を担われています。政府が主導する地域包括医療の推進に伴って、今後の臨床医療は、間違いなく地域に比重が置かれることになります。そのとき、多くの患者さんを適切に受け入れ、高度な医療を提供するためには、地域の病院の連携は欠かすことのできない重要なテーマです。

池田さんが担う地域医療の連携——人と人をつなぎ、さらには病院と病院、病院と地域をつなぐというミッションは、まさにそのテーマに応えるものとなるはずです。

かつての池田さんの内なる「デストロイヤー」は、まさに「絆カッター」とでも呼ぶべき心の刃を振り回して、ありとあらゆる絆を切り刻んでいました。

その池田さんが、今、「つなぐ」ということに「使命」を見出しているのです。

内なるエネルギーの転換が、世界にどれほどの影響を与えるのか。人間の心の進化が世界を変えてゆくことを、池田さんは、その場所で明らかに示しているのです。

内外エネルギー交流の法則

この章で、ぜひあなたに体得していただきたいことは、本当に「心」が「現実」をつくるということです。それは、厳粛な法則であり、「魂の学」では「内外エネルギー交流の法則」と呼んでいます。

「心」（内界）と「現実」（外界）は、コインの表裏のように分かちがたく結びつき、私たちが考える以上に多大な影響を与え合っているのです。

内に負のエネルギーを抱えていれば、それは外の世界に現れ、負の現実をつくってしまいます。どんなに外面を取り繕っても、それをごまかすことはできません。

内にプラスのエネルギーを抱いていれば、それは外に伝わります。たとえ隠そうとしても現れてゆくものです。

逆に、負の環境（外界）は心に負のエネルギーをもたらし、プラスの環境はプラス

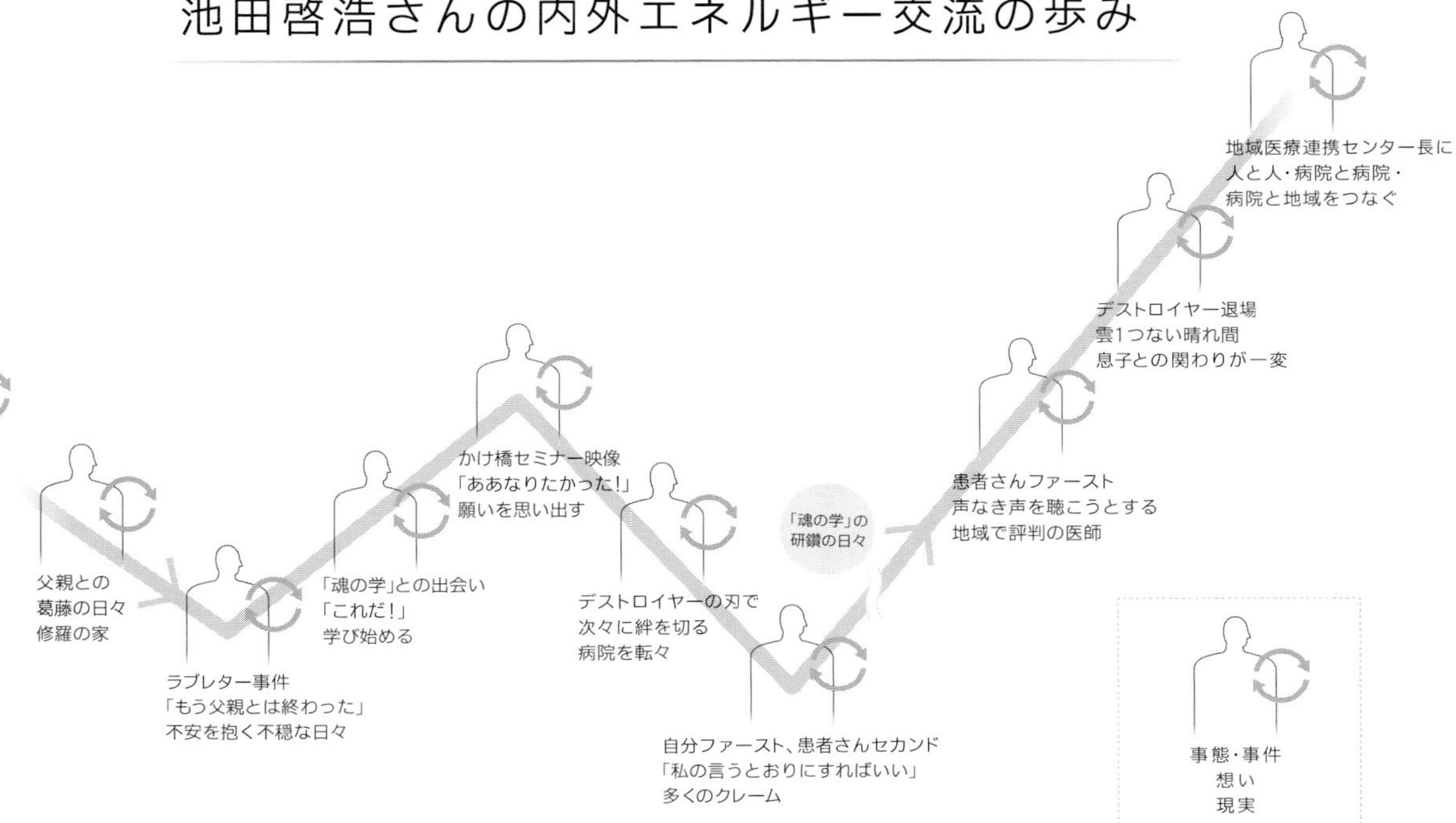
池田啓浩さんの内外エネルギー交流の歩み
人生のスタート
父親との
葛藤の日々
修羅の家
ラブレター事件
「もう父親とは終わった」
不安を抱く不穏な日々
「魂の学」との出会い
「これだ！」
学び始める
かけ橋セミナー映像
「ああなりたかった！」
願いを思い出す
デストロイヤーの刃で
次々に絆を切る
病院を転々
自分ファースト、患者さんセカンド
「私の言うとおりにすればいい」
多くのクレーム
「魂の学」の
研鑽の日々
患者さんファースト
声なき声を聴こうとする
地域で評判の医師
デストロイヤー退場
雲1つない晴れ間
息子との関わりが一変
地域医療連携センター長に
人と人・病院と病院・
病院と地域をつなぐ
事態・事件
想い
現実

図 12

のエネルギーを心にもたらします。

そのように、私たちの内界（心）と外界（現実）は、常にエネルギーが交流し、循環しているのです。

池田さんの人生においても、その内外エネルギー交流は一貫して存在していました。図12をご覧ください。生い立ちの中で、父親との激しい葛藤を繰り返していた時期。父親に対する嫌悪感は、その葛藤を増幅し、家庭内は、さながら修羅の家となっていました。また、外側に展開されたそうした現実は、池田さんの内なる葛藤をさらに深めました。ラブレター事件は、決定的な出来事でした。このとき、人生は暗転の度合いを強め、下降を繰り返すほかありませんでした。

「魂の学」との出会いは、池田さんにとって希望の灯となります。

翌年、映像で「かけ橋セミナー」の様子を見ていたとき、父親と絆を結びたいという願いを発見したことは、さらに明るい未来を感じさせました。それは、人生を光転させ、引き上げる力になりました。そうした中で、「魂の学」に対して、大きな信頼を築いてゆくことになります。

とは言っても、根深い人間不信とともに誕生してしまったデストロイヤーが解消されたわけではなく、医局や病院では絆を切り刻んでいました。
また、医療については真剣に取り組むものの、患者さんに対してはいつも優位の想いで自分を優先していたため、多くのクレームが来ていたのです。そして、そのクレームを受ければ受けるほど、池田さんも意固地になってゆきました。それは暗転の力となり、人生を下降させていました。

その内外エネルギー交流が変化したのは、何よりも、「魂の学」の研鑽の中で、池田さんが癒やされていったからです。「魂の学」によって、内なる願いを見出し、人生の法則を理解し、多くの仲間との交流の中で、人間を信じ、世界を信じる想いが生まれた。それが「患者さんファースト」という姿勢に結晶化していったのです。その姿勢は、人生光転の大きな力となり、池田さんを押し上げました。

池田さんが、そういう想いで人々に関わり、世界に関わってゆくと、それまでとはまったく異なる現実が生まれてゆきます。つまり、多くの人々が池田さんに対して信頼を示し、それがまた池田さんの人間信頼を育ててゆくのです。ますます光転の力が確かになり、人生を押し上げてゆきます。

そして、私を通じて亡き父親の魂と再会したことによって、絆が結び直され、池田さんの中からデストロイヤーが退場したとき、内外エネルギー交流も、さらに大きな信頼に満たされていったのです。そこには、人生を引き上げる揚力がはたらき、池田さんの「つなぐ」ミッションを支えているのです。

こうした池田さんの内外エネルギー交流の歩みは、まさにあの人生の樹形図（図9）が示すひとすじの人生の道にほかなりません。

そして、あなたもまた日々、内外エネルギー交流によって、人生の樹形図にひとすじの道を描いているのです。

「心」の進化の段階によって、私たちに見える世界は変わります。見える光景も人間関係もまったく違うものになり、想いを注げる広さも深さも違ってきます。

「心」が進化すれば、より遠くの人や物事を、より深く自分事として受けとめることができる。そんな「心」が生み出す現実が、かつてと同じであるはずはありません。

人は誰もが、生涯かけて自分の内なるものを外なる世界に現し続けます。

あなたが果たさなければならない「使命」も、その交流を通じてなされるものです。

つまり、自分の内なる願いを外界に現すことが、「使命」の歩みの大前提なのです。

4章 運命の梯(はしご)

——魂は目的地を探す

人は誰もが、「宿命」から「使命」の物語を紡いでいる。
始まりは、3つの「ち」を引き受けることによって
不自由な宿命の洞窟に囚われる。
「こうだったから、こうなってしまった人生」——。
しかし、そこにとどまることなく、
「こうだったけれど、こうなれた人生」を生きることができる。
そしてさらに、
「こうだったからこそ、こうなれた人生」——。
負の条件を抱いた真の意味に応えることができるのである。
それこそ、「使命」に応えて生きる段階である。

運命の岐路

その魂は、私を通して、切々とした想いを伝えてきました。

「お前たちには、本当に苦労させたな、すまなかった……」

「母さんから、何度も、あのプールのそばの鉱業所病院になあ、何度も行ってくれと言われていたのに……行かなかった。子どもも妻も残して逝くわけないだろうと高をくっていたんだ。……でもなあ、突然、何もわからないまま終わってしまった」

今から40年以上も前、炭鉱会社の職員だった父親は、突然、脳卒中で倒れ、そのまま帰らぬ人となりました。その亡き父親の魂が、家族に想いを伝えてきたのです。

「ああ……そうだ、そうだ、池島ストア。2階に寿司屋、食堂があった。商店街があったな。商店街にマルキっていう床屋があって……白に赤青の回っている看板が見えます……。ヤマザキ菓子屋があって、よく恵子に、息子たちにお菓子を買っていった。

商店街を抜けると病院があるんだ。それなのに、何で行けなかった？

何だか、苦しみをお前たちに全部、背負わせたな。お母さんは1人で働かなくてはならなかった。本当に申し訳なかった……」

私の前に次々に映し出される光景。暗闇の空中に、明るい画面が同時にいくつも現れ、途切れることなく映し出されては移ろってゆく——。父親の魂には、当時の光景がもっとも新しい記憶として、まるで昨日見たかのように刻まれていました。でも、それは、その後の人生を歩めなかった証——。懐かしさは、切なさでもあったのです。

「恵子。俺は、女の子が生まれてうれしくてな、もう官舎のみんなになあ、恵子のことを、いい娘が生まれた、かわいい子が生まれた、俺の娘は美人だと言って回ったんだ。母さん、覚えてるよな。俺の生きがいだった。なのに、全部、終わってしまった……」

これは、今から4年前の春のこと——現在、都内の訪問看護ステーションの所長を務める江川恵子さんが、母親と一緒に参加されたある集いで私と出会ったとき、亡き父親の魂がその想いを伝えてきたのです。

私の前に海の光景が広がりました。船の腹にぶつかる波の音、砕け散る波、水しぶき……。それは、30年も前に亡くなって埋葬された父の遺骨を改めて火葬にするために、船に乗せて故郷の江島を出た江川さん一家の様子でした。

「恵子が、おれの頭をなでて言ってくれた。『お父さん、これから佐世保に行くのよ』。

あのとき、お前が言ってな……」

江川さんは、母親と一緒に涙をぬぐいながら、父親の声を伝える私に向かって、まるで生きている父親に応えるように、その言葉を補ったのです。

「そうです。言いました。『お父さん、今まで1人で寂しかったでしょう。これから私と佐世保に行くのよ。お母さんもお兄さんも、みんな佐世保に行くのよ』。そう言ったんです」

突然、一家の大黒柱を失った江川家の人々の人生は、大きな変更を余儀なくされます。父親の死は、江川さんにとって、まさに「運命の岐路」となったのです。

「お母さん。恥じることはないぞ。恵子が20歳のときに、お前は立派な成人式をしてくれた。あんな素晴らしい高い振り袖を、お母さんはな、恵子、ローンで買ってくれたんだ。お母さんは、女でありながら、女工さんして、本当に苦労した。だからもうあの件は俺に恥じなくてもいい。恵子、母さんにあとで言っておいてくれ」

母親は声を詰まらせ、「ありがとうございます」と答えていました。

「お兄ちゃんのことも、大変だったな。それを時々、俺に話してくれて……。心配をかけた。俺がいなくなったことで、こんなことが次々に……。『上』から『下』に移るのも、つらかっただろう。本当は学校にも行きたかっただろう。お前には苦労かけたな。申し訳なかった。お母さんにも苦労をかけた……」

亡き父親の魂が伝えたかったこと。残された家族の気持ち。それらが1つになって、数十年という時間が流れた後も、互いを想い、家族はあの家族のまま、そこにありました。江川さんは、自分が歩んできた人生を改めて噛みしめていたのです。

第2の軍艦島の幻影

長崎の五島列島の近くに、第2の軍艦島と呼ばれた池島という島があります。軍艦島として知られる端島は、世界遺産にも登録されたことでご存じの方も多いでしょう。周囲1・2キロの極小の島でありながら、その名の通り、コンクリートで覆われた船体のような島で、その甲板にあたるところには炭鉱関連施設とそこに働く人たちの高層の住居が集まっていました。それが廃坑となり、無人島となった今は廃墟と化し、独特の異容を湛えています。

池島は、その軍艦島より1回り大きい周囲4キロの島で、九州最後の炭鉱の島として栄え、２００１年に閉山の時を迎えています。

江川恵子さんは、１９６５（昭和40）年、この池島に生まれました。

現在の島の人口は２００人にも満たないのですが、江川さんが多感な小学生だった頃、池島の最盛期には８０００人近い人たちが住んでいました。島には、中高層の集合住宅と、団地型の4階建ての集合住宅がいくつも並んでいました。

そんな池島の特徴は、そこに暗黙の、そして公然のヒエラルキー（階層）が存在していたことです。それは、職員・坑内・坑外というランクで、島の「上」に住む人、「下」に住む人というように、働く場所によって区分されていたのです。居住区、住居、生活、立場のすべてにおいて隔たりがあり、どうにもならない格差がありました。

江川さんの父親は、もともと炭鉱会社の職員でした。島のヒエラルキーの上位に属する一家は、「上」の住宅に住んでいました。決して裕福ではなかったものの、不自由のない安定した生活を送っていたのです。

しかし、江川さんが4歳のある日、事態は一変します。

父親が突然、脳卒中で倒れてしまったのです。それまで感じたことのないまがまがしさ。突然、辺りの気配が不穏になりました。その光景を江川さんは今でもはっきりと憶えていると言います。

母親が慌てて近所の親戚を呼びに行きます。駆け込んできた男性が、父親に心臓マッサージをして、大声で呼びかけ、顔をパチパチたたいている――。

しかし、その甲斐なく、父親はあっけなく息を引き取りました。

漁船を借りて、父親の棺を実家のある江島まで運びました。その棺の横で寝ている自分――。重苦しい気配の中で刻まれた江川さんの記憶です。

池島での苦しみ

父親の死は、江川さん一家のすべてを変えてしまいました。

働き手を失った江川家は、母親が働きに出ることになります。仕事は、父親が勤めていた炭鉱会社が配慮してくれましたが、溶接工としてヘルメットをかぶり、保安服、作業服を着て慣れない仕事をすることになりました。当然それは、坑外の仕事――。

「上」の住宅で生活していた一家は、数年後、転居を余儀なくされます。もう「上」のエリアに住むことはできないのです。

まだ幼かった江川さんは、誰かが「このまま『上』にいてもいいよ」と言って、引き留めてくれるのではないかと思っていました。しかし、そんな期待はすぐに打ち消されたのです。一家は、海の近くの「下」の共同住宅に移ることになりました。

「下」の共同住宅は、お風呂が共同です。江川さんはそこへ行くのが嫌で仕方がありませんでした。初めはベランダでお湯をためて行水をしていたほどです。

「下」の生活は嫌だけれど、受け入れるしかない――。

そういう中で、母親は、一家の生活を1人で背負い、2人の兄と江川さんを育てたのです。まるで太陽のように明るく、元気で働き者の母親。真っ黒に日焼けし、身だしなみにはほとんどかまわず、男性のような姿で仕事を続けました。江川さんは、そんな母親を見るのがつらくて仕方がありませんでした。

ごくまれに、母親がお化粧をすることがありました。そんなとき、母親は、「父さんが生きていれば、私もこうやっていつもきれいにすることができたのよ」。そう悲しそうに言っていたのです。

人生にも影を落としていた

無言の重圧を与えたその生い立ちは、江川家1人ひとりの人生に影を落とすことになります。

最初に社会に出た長兄は、東京の会社に就職し、故郷から遠く離れた土地で生活を始めました。しかし、慣れない環境で、たった1人の生活は、兄にとって大きな負担となります。やがて心身に不調を来し、故郷に戻ってくることになりました。兄を東京に迎えに行ったのは、まだ中学生だった江川さんでした。

一家の哀しみは深く、毎夜、母親は布団の中で泣いていたと言います。江川さんは、子ども心に自分が母や兄を支えてゆかなければと思いました。

江川さん自身の人生も変更を余儀なくされます。

小学校、中学校と成績優秀だった江川さんは、進学校の高校に進んで大学に行くのが願いでした。江川さんは、佐世保三校と呼ばれていた3つの進学校のいずれかに行きたい。そんな期待を抱いていたのです。

志望校を決めなければならない頃、長兄に、「佐世保三校へ行きたい」と相談したところ、言下に「家にはそんなお金はない」と言われてしまいました。

どこかでそんな返事が返ってくることを予感していた江川さんは、仕方なくその現実を受け入れます。すぐに就職できるということで、商業高校の情報処理科に進学したのです。

当時は、コンピュータが社会に浸透し始めた時代。「自分はこんなところに来る人間じゃないはず」と思いながら、最初は「これが一番いいんだ」と自分に言い聞かせていました。

しかし、コンピュータがずらっと並ぶひんやりとした教室でプログラミングを学ぶ毎日に、違和感を覚えずにはいられませんでした。「自分はもっと血の通う仕事がしたい」――。やがてそういう想いを募らせていったのです。

「魂」がもたらす平等性がある

私たちが生きている世界は、決して平等な世界ではありません。

生まれ育ちは異なり、持って生まれた遺伝子も同じではなく、才能も背の高さも、肌の色にも違いがあります。裕福な家に生まれる人もいれば、貧しい環境に生まれる人もいます。

それらの違いゆえに差別や不平等が生まれ、有利不利が生じ、「異なるしるし」が敵味方を分け、疎外やいじめが起こってしまいます。

そのことに苦しみ、人生を損ない、その差別や不平等な扱いによって深く傷つけられる人たちがいます。だからこそ、私たちは、本当にその違いを受けとめ、差別のない社会をめざさなければなりません。

しかし一方、**厳然として存在する違いや格差、不平等に対して、私たち1人ひとりはどう向き合えばよいのでしょうか。**

その私たち1人ひとりに歩むべき道があります。

それは、人間を「魂」の存在として受けとめること――。そのとき、不平等きわまりない世界に、1つの平等性が現れてくるのです。

「魂」の次元から考えるならば、どんな生い立ちも、どんな人生の現実も、すべては、その人生の目的と使命を果たすための条件となります。恵まれた生まれ育ちも、優れた能力も、1つの条件。逆に、貧しく厳しい環境も、ごく平凡な能力も、「魂」にとっては、人生の目的と使命を果たすための1つの条件です。

条件とは、途上の経由地であり、目的地に辿り着くための前提でしかない——。

それらの条件を引き受け、そこからどんな現実を生み出してゆくか。

その「挑戦の構造」だけは、どんな人にも平等なのです。

恵まれた生い立ちであろうと、過酷な生い立ちであろうと、「魂」はそれを条件として受けとめ、そこから最善の人生を築くことを願っている。「魂」としての私たちは、そういう強さを抱いているのです。

宿命から使命への物語——人生は3段階で進化する

「魂」を中心にした人生の法則——。

人は誰1人例外なく、生まれ育ちの中で3つの「ち」を引き受け、不自由さを抱えざるを得ない「宿命」の人生を歩み始めます。恵まれていようと、貧しく厳しい生い立ちであろうと、その条件に縛られることに変わりはありません。

前章までに登場した3名の方々も、本章の江川恵子さんも、それぞれの条件を引き受け、それぞれの不自由を囲いました。

未来を悲観し、1歩前に出るよりは退くことを選び、今ある現実に甘んじる。切実な想いが持てず、熱い気持ちになれない。江川さんがそんな心の傾向を抱え、それに相応する現実を生み出していたこと。それが**人生の第1段階**――**「こうだったから、こうなってしまった人生」**です。生い立ちが与えた「負の条件」に呑まれてしまったり、それに抗いながらも歪みをつくってしまったり、いわば宿命の洞窟に囚われ、苦しめられる段階です。

しかし、私たちは、そこにとどまることなく、その洞窟から抜け出ようとします。それが**人生の第2段階**――**「こうだったけれど、こうなれた人生」**です。

たとえば、何も誇るものがない生い立ちだったけれど、努力して医師になり、尊敬を集める。貧しかったけれど、人一倍頑張り、起業して会社を成功させ、財をなす。言うならば、生い立ちの中で背負った「負の条件」に負けることなく、それを跳ね返して生きる段階と言えるでしょう。

それだけではありません。私たち人間には、さらなる段階が用意されているのです。それが**人生の第3段階**――**「こうだったからこそ、こうなれた人生」**です。

人生は３段階で進化する

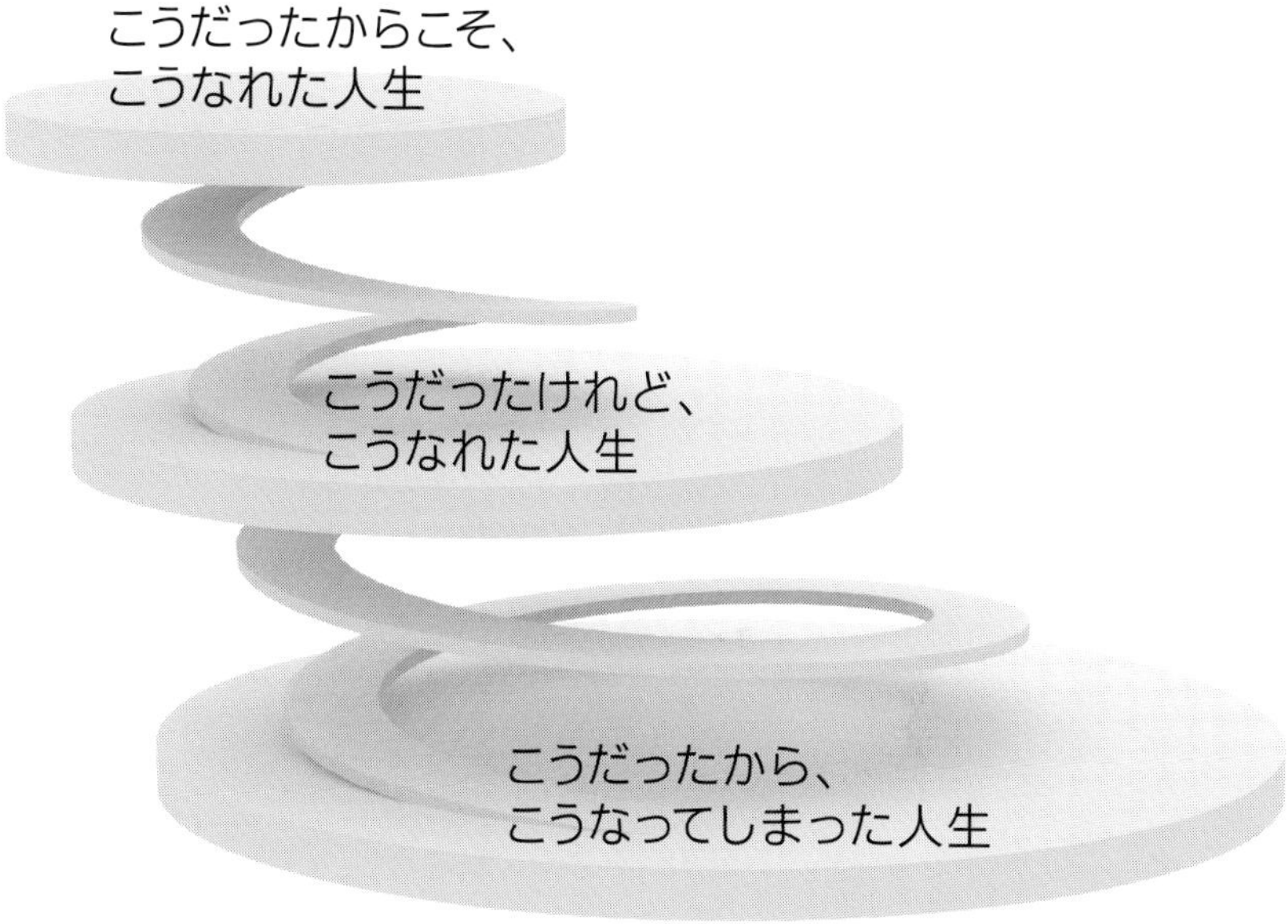

こうだったからこそ、
こうなれた人生

こうだったけれど、
こうなれた人生

こうだったから、
こうなってしまった人生

図13

たとえば、貧しかった人が、事業家として成功するだけではなく、貧しさの苦しみを味わってきたからこそ、同じように苦しむ人々を助けるしくみをつくり始める。「負の条件」だと思ってきたことの中に必然の未来、「使命」の手がかりを見出し、「宿命」を超え、「使命」に応えて生きる段階と言えます。

1章の檜皮さんは、非常に厳しい生い立ちを余儀なくされました。その中で苦しんできたからこそ、今、生活の中で迷い、困苦を抱えている人たちを助けたいと奔走されています。

2章の谷島さんは、自身の原点とも言える川越に対して心を開けず、こだわりを抱いたからこそ、今、川越のさらなる振興のために、地元の友人たちと共にそのこだわる力を可能性の追求に生かしています。

3章の池田さんは、かつて「デストロイヤー」として絆を切り続けた自分だからこそ、人と病院、病院と病院、病院と地域をつなぐことに人生の仕事を見出しています。

「使命」とは、多くの人々を救ったり、時代の先頭に立ったりするようなものばかりではありません。影響力の大きさだけで決まるものではないのです。それは、1人ひとりにとって特別なはたらき——深い必然深度を持った「人生の仕事」のことです。

3つの「ち」を超えさせるもの――魂の感覚

不平等に満ちた世界そのままに、遺伝子や素質、才能、家柄、両親、兄弟、親戚、土地柄、環境、時代まで、誰1人同じものはない条件を背負って、人は人生を歩み始めるのです。1章で取り上げたように、「魂の学」では、それらの人生の条件を3つの「ち」と呼んでいます（44ページ参照）。

江川さんは、長崎の池島という「地」に生まれ育ち、父親を失うという「血」の中で、暗黙、公然の格差、不平等を経験しました。江川さんの心にもっとも強く刻まれたのは、「自分にはどうにもならないことがある」という想いでした。自分が「ここにいたい」と思っても移住を余儀なくされ、大学進学を願ってもそれは叶わない。問題が起こると「もうむずかしいかもしれない」と感じ、今ある現実を「仕方がない」と受けとめる江川さんの心の傾向は、その3つの「ち」の中でつくられていったのです。

江川さんの人生に重くのしかかっていた3つの「ち」の宿命の重力。

しかし、彼女は、そこから抜け出す歩みを始めます。

商業高校でコンピュータを学んでいた江川さんは、「もっと血の通った仕事がしたい」と願いました。その彼女が選んだのが、看護の道でした。病院で働きながら、正看護師の資格が取得できる学校を調べ、高校卒業後、名古屋の看護専門学校で学ぶことになったのです。

何かに導かれるような自然な成り行きでした。「血の通った仕事」を願う1つの想いが波紋のように広がり、看護の道につながったのです。

なぜ彼女は、そういう選択をしたのでしょうか。それは、彼女の人生に投じられた一石——不思議な体験が鍵となっていたのです。

小学校時代、当時の母子家庭には、役場を通じて日用品の配給がありました。春休みになると、それを学校までもらいに行くのですが、江川さんはその荷物を持って学校を出るのが嫌でたまりませんでした。誰にも見られないように、人気がないのを確かめて校門を出るようにしていたのです。

あるとき、その袋の中に1冊の本が入っていました。

フローレンス・ナイチンゲールの本でした。

気持ちが惹かれるまま、江川さんはその本を読んでみました。

クリミア戦争に同盟軍側の看護師として従軍したナイチンゲール。劣悪な衛生環境によって、傷病兵の多くは大変な苦しみの中にいました。ナイチンゲールたち看護師は、何の立場も与えられていなかったにもかかわらず、苦しむ兵士たちを献身的に看護していました。

江川さんは、ある部分まで読み進めると、言葉にならない衝撃を受けます。

ナイチンゲールが夜中にランプを持ってテントを回る。傷ついた1人ひとりの兵士の様子を見守る姿――。見たこともない光景のはずなのに、まるでそこにいたかのように、その様子が眼前に広がりました。冷気が辺りを包んでいます。苦しむ兵士1人ひとりの息づかい、唸り声まで聞こえてきます。あまりに鮮烈で、生々しく、とても他人事とは思えなかったのです。

私たちは、人生の中で、ただ強烈な体験というだけではなく、いつまでも色あせることのない特別な印象を残す経験をすることがあります。

たとえば、

- **決して忘れられない感動を体験した**
- **強い後悔が湧き上がった**

・どうしても捨てられない願いがある
・適当には見過ごせない強いこだわりがある
・自分の意図とは別に人生が開かれてゆく

こうした経験の中に、魂の感覚や、魂からやってくるヴィジョンが隠れていることがあります。それが本当に特別のものであるなら、あなたの「魂願」――魂の中に息づいている崇高な願いとつながっている可能性があるのです。

江川さんにとって、ナイチンゲールとの出会いは、まさにその特別な経験であり、そのヴィジョンは強い衝撃を与えました。

しかし、当時の江川さんは、それが何を意味するのかを知ることはできなかったのです。

心と魂の違い

そのヴィジョンの体験から看護師の道を選ぶまでには、数年の時間が必要でした。「魂の願い」に触れるような鮮烈な体験をしても、自らが吸い込んだ3つの「ち」にかき消されてしまうことがあります。宿命の重力の中では、別の受けとめ方をしてしまいます。実は、ほとんどの人がそうなってしまうのです。江川さんが商業高校を選択したのは、まさに時代の「知」の影響をそのまま受けてしまったということでしょう。

それだけではありません。それが本当に自分の深奥にある魂の願いとつながるには、さらに時が必要だったのです。

看護専門学校を卒業した江川さんは、名古屋の大病院に勤務し、懸命に仕事をしました。そこを離れる頃には、自分は「できる看護師」であり、もうほかにやることは何もないと思っていたほどでした。

ところが、その後、「魂の学」を基とする東京トータルライフクリニックで働き始めると、その自信は見事に打ち砕かれました。失敗に次ぐ失敗で、とても「できる看護師」と言える自分ではなかったのです。

たとえば、あるとき、患者さんから「採血してほしい」と言われ、「カルテには書いてないですね。医師の指示がないとできないんですよ」と言うと、患者さんが怒ってお金を叩きつけ、帰ってしまったことがありました。「正しいことを伝えたのに、どこが悪いのか」。最初はまったくわかりませんでした。しかし、今の江川さんなら、よくわかります。自分は看護師、相手は患者さんという優位の想いで接していて、患者さんの気持ちを本当に受けとめることができなかったのです。

その頃は、「できる看護師」である自分を見せようとすると失敗する。その繰り返しでした。「私はできないんだ」。自信は砕かれ、地に落ちたと江川さんは感じていました。

魂からのヴィジョンに強い印象を抱いても、その後が続かないときがあります。それは、魂の次元からの声をまだしっかりと受けとめることができなかったということなのです。

江川さんは、失敗ばかりの状況の中で一旦クリニックを辞職。自分を鍛え直すために、2年間、鍛錬と研修の期間を持ちました。

最初の1年は、大阪の救急救命センター、翌年は東京の白十字訪問看護ステーションでした。このステーションは訪問看護の先駆的存在であり、私心なく看護に尽くすリーダーの姿に、江川さんは看護師としての願いを改めて思い出し、初心に還ることができたのです。

ようやく地に足がついた江川さんは、ひと回り以上も年下の看護師に頭を下げて教えてもらうことも厭わず、一から看護を鍛錬できることに歓びを感じていました。

この期間の江川さんを根底から支えたのが、「魂の学」の研鑽でした。仲間と一緒に研鑽できることが何よりも心強く、大きな励ましとなったと江川さんは言っています。

そして、利用者の方々との全人的な関わりを基にする在宅の看護に触れて、看護師としての願いを呼び覚まされた江川さんは、「本当にお役に立てる看護師になりたい」と願い、2年後、再びトータルライフクリニックの試験に応募、看護師として戻ることになったのです。

新たな訪問看護ステーション設立——人間を魂と見る看護

２０１2年、新たに訪問看護ステーション設立への動きが始まります。

事の始まりは、その年の2月、「魂の学」を実践する医療者の場で、今後のトータルライフ医療がめざすべき方向性について、私がお話をさせていただいたことでした。

講演終了後、ロビーで江川さんに声をかける著者。たとえ短い時間の出会いであっても、著者にとってそれは魂と魂の対話にほかならない。この日は、幼き江川さんが池島で過ごした日々の意味、なぜナイチンゲールの本に衝撃を受けたのか、そこに秘められた深い理由、そして未来に待っている仕事——江川さんが果たすべき使命まで話は及んでいった。

「これからは地域、患者さんが住んでいる場所を中心とした医療の形が前提になってゆくと思います。地域に浸透した看護の実践ということで、『地域包括ケアシステム』をつくりましょう」。そう呼びかけさせていただいたのです。

そのとき、江川さんは、以前とはまったく違う反応を示しました。

「私がさせていただきます」。そう言って手を挙げたのです。

私はこれをしたかった。2年間の研修もこのためにあった――。そういう気持ちでした。

今回の訪問看護ステーション設立の予定は、同年12月。時間は半年しかありませんでした。

しかし、その半年の間に、それまでとはまったく異なる新しい江川さんが現れてきたのです。かつては熱くなれないことが1つの悩みだったのに、このときには時に熱が入り過ぎて、上司にまで突っかかってゆく。それまで、ごく優しい看護師だった江川さんが、止めるのも容易ではないたくましさで突進していったのです。

そして12月1日、東京都台東区にトータルライフ訪問看護ステーション雷門が設立。江川さんはその所長に就任しました。

その後、江川さんの訪問看護ステーションは、地域に広く受け入れられてゆきました。地元では「トータルさん」と呼ばれて親しまれています。特に、他所ではなかなか引き受けてくれない「困難事例も受け入れてくれる」という評判となったのです。

引き継ぎの病院から「この患者さんは大変ですよ」と言われた方も、江川さんは、「いいですよ、お引き受けします」と応える。

たとえば、人工呼吸器を付けている高齢の女性。「要求が細かく、看護師に厳しい」と敬遠されていました。江川さんは、なぜ厳しいのか、じっくりお話を聞いてゆきます。すると、まだ結婚されていない娘さんが結婚するまでは死にきれないというお気持ちがあって不安になる。不安になるからいろいろ要求し、機関銃のようにうるさく言ってくることがわかる。ならば、この方の不安を取り除くことに注力する。さらに、呼吸器の専門医にも診察してもらい、一緒に疑問に答えながら1つ1つの作業を進めていったのです。その結果、今では「江川さんはね、私に安心を与えてくれる。だから一緒にいないとだめなの」と言ってくれるほど、心が近くなっているのです。

また、病院で「母親に付き添う2人のクレーマー」と言われていた娘さんたち。お話に耳を傾けてゆくと、2人ともお母様が大好きでした。その想いが高じて厳しい患者家族になってしまった。しかし、母親に対する気持ちがわかると、「クレーマーの2人の娘さん」は「母親が大好きな2人の娘さん」に変わる。そうなれば、信頼関係を結ぶことは少しもむずかしくありません。

「こういう関わりができるのは、人間を魂と受けとめているから」と江川さんは確信しています。**その方の表面的な印象の奥には本心がある。その本心を受けとめることができれば、必ず信頼関係を結ぶことができるのです。**

もちろん、訪問看護にも「専門能力」は必要。でも結局は「菩提心」と「受発色力」が鍵を握っている——。それが江川さんの実感です。江川さんは、私がお話しした**「心のピラミッド」**（図14）に基づいて心をつくる重要性を訴えているのです。

「心のピラミッド」とは、もともと、これから自分をつくってゆく青年たちのために示した図です。若い青年たちが社会で様々なはたらきを為してゆくとき、本当に必要なことは何か——。

「専門能力」は大切です。それがあるから、現実の中で具体的な要請に応えることができる。しかし、その土台には、現実や試練をどう受けとめるのかといった心の力、「受発色力」が不可欠です。

心のピラミッド

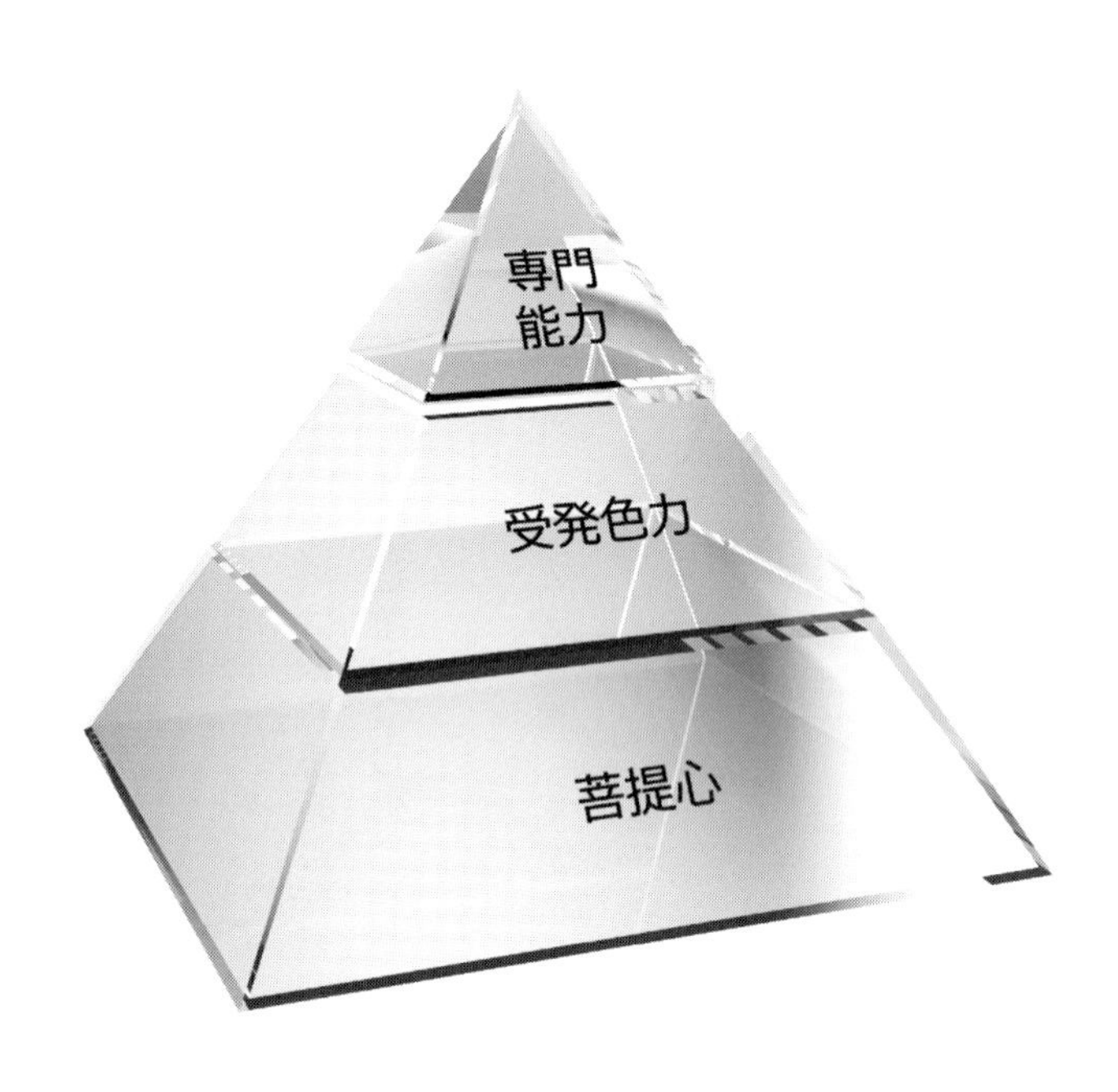

世界の法則にかなう大いなる願い（菩提心）が全体を支えている

図 14

しかし、さらに一番の土台に、世界の法則に響き合う大いなる願い「菩提心」がしっかりと息づいていなければなりません。その土台が不安定だと、専門能力も受発色力も本来の力を発揮できないからです。

人間を魂として見る看護――。評判が評判を呼び、今や多数の訪問希望者にお断りをしなければならない状態です。その歩みは、江川さんが心と現実の関係をつくり直してきた証であり、3つの「ち」の呪縛、宿命の重力を乗り越えてきた証にほかなりません。

地域包括ケア実証実験

そういった歩みを続ける中、2015年2月に新しい挑戦が始まります。

地域包括ケアを支援している財団から、江川さんたちの訪問看護ステーションに、地域包括ケア実証実験をやってみないかという誘いがきたのです。

地域包括ケア実証実験という「カオス」が、突如として、江川さんの目の前に立ち現れたということです。

最初、この話を聞いた江川さんの想いは、「今の仕事だけでもヒーヒー言っているのに、絶対に無理。時期尚早。残念だけど、お断りするしかない」

しかし、そう思った瞬間、「はたしてそれでいいのか」という疑問が湧き上がってきました。

考えてみれば、地域包括ケアは時代の要請。せっかくのチャンスを生かすことは本当にできないのだろうか。そもそもこの話は、仲間と共に始めた新しい医療への挑戦に関わる呼びかけではないか。これは私個人の気持ちでお断りしてはいけない――。

日常的な意識――心の声の答えは「この要請は無理」でした。しかし、そのときの**江川さんは、日常的な意識の奥に響いている「魂の声」を受けとめたのではないでしょうか。**

すると、それまでの人生で感じたこともない強い気持ちが湧き上がってきたのです。

「このプロジェクトは、どうしてもやらなければならない。**試練から逃げない。願いを捨てない。道をあきらめない**」

江川さんは、自分の中から出てきたこの想いを、いつも心の中に定めました。

訪問看護に予防医療の観点から取り組む

訪問看護の現場での大きな課題は、寝たきりや認知症で自立した生活ができない人が非常に増えているということです。

そうなる前の状態、心身の機能が弱くなり危険因子を抱えている状態を「フレイル」と呼びます。母体である東京トータルライフクリニックが予測・予防医療に力を注いでいることもあり、江川さんたちは、フレイルの人たちに対する「予防」に活動の焦点を置くことにしました。

その計画を、財団企画のワークショップで報告したところ、参加した40チームの中で1番の評価を得ることができたのです。

ステーション全体に、追い風を得て上昇しているような勢いがありました。

大きな励ましを頂いた江川さんは、その翌日、さっそくこの企画を地域の町内会の部長さんに持ってゆきました。ところが、この時期は全国的に有名な浅草・三社祭りで大変忙しく、残念ながら協力はむずかしいという断りの返事をもらったのです。

地元の町内会は一致団結して祭りの成功に力を尽くさなければならず、それは致し方のないことでした。

これもカオス発想術の実践だった

魂の声を受けとめ、心の深奥からこれまで体験したことのない強い気持ちを引き出せても、それを現実の世界に具現してゆくには、様々な壁が生じるということです。

もしこのとき、江川さんが、この企画への協力を断られたことで立ち止まっていたら、どうでしょうか。「協力してもらえないからできない」とあきらめていたら、その壁は壁のまま、江川さんの前に立ち塞がっていたでしょう。

ここで、２章で触れた「カオス」を思い出していただきたいと思います。

「町内会から断られた」という事態を、「地域との協同は無理」と固定的に受けとめていたら、「無理の現実」が現れていたでしょう。

しかし、**江川さんは、この事態を「カオス」と受けとめ、「今、できることは何だろうか」と、「カオス」の中から目標に近づく道を探したのです。**

すると、２つの発見をしました。

第1の発見：自分の中に「いいことをやるんだから、喜んで受け入れてもらって当然」。そんな医療者目線と傲りがあること。

第2の発見：自分はこれまで1人の看護師として生きてきた。しかし今、自分がしようとしているのは、ドクターやケアマネジャーなど多くの人たちとチームを組んで、地域という大きな世界にはたらきかける仕事。にもかかわらず、単なる「看護師・江川恵子」のままでこのカオスと向き合っていた。それではうまくいくはずがない。

ことよんカフェの実践

このことに気づいて、江川さんは心が定まりました。この「カオス」に対して、今、自分ができることを本当に尽くさなければ、最善の道を引き出すことはできないと思いました。

江川さんたちは、「地域がお祭りで忙しいのなら、まずはそのお祭りをお手伝いさせていただくことから始めよう。地域の人たちが大切にしていることを私たちも大切にさせていただこう」と考えたのです。

そこには、「魂の学」の基本的な心構えがありました。

「専門家である前に1人の人間」「医療者である前に1人の人間」という精神です。

その姿勢で一緒に作業をする。一緒にお弁当を食べる。その中でお話を伺ってゆくと、高齢者の認知症ということに関して、地域が大きな課題を抱えていることが肌身に感じられました。

江川さんたちはそれを呼びかけと受けとめ、「認知症予防カフェをやろう」と考えたのです。

「認知症カフェ」は、すでに全国各地に広まっています。それは、認知症とその家族がお互いの介護生活をオープンに語り合うことによって、地域での助け合いを促進してゆくものです。

しかし、「認知症予防カフェ」は、江川さんたちのカフェが全国初です。それは、認知症が心配な人が来店して、そこでいろいろな人と関わり、活動することで予防につなげてゆくという試みです。このカフェは、「ことよんカフェ」と名づけられました。

「ことよん」というのは、地名の「寿4丁目」に由来しています。

社会的な反響――「動き始めた日本版ビュートゾルフ」

この実践は、非常に大きな反響をもたらしました。

たとえば、企画書を区役所に持っていっても、福祉関係の仕事をしている人々に話をしても、すぐに大きな関心を持っていただけました。

認知症カフェは国の施策になっているが、予防カフェは見たことも聞いたこともないということで、様々なところから問い合わせが続きます。

さらに、『月刊介護保険』という雑誌に、「動き始めた日本版ビュートゾルフ」として紹介されました。ビュートゾルフというのは、この分野で世界の先頭を走っているオランダの在宅ケア組織の名前です。

また、２０１６年5月には、実証実験を通じての成果発表会が支援財団で行われました。実証実験に取り組んだ40チームの中の9チームが選抜されて発表。その報告会の後、財団の方が「あなたのところが自分にとってグランプリだった」と感想を伝えてくださったのです。

命作網――使命のネットワーク

江川さんが、これまでの人生の歩みによって生み出してきたもの――。それは、一言で言えば、江川さんを中心にして張り巡らされたつながりと、そこで生まれた出会いや出来事の集積と言うことができるのではないでしょうか。

ここで、あなた自身のことを考えてみてください。

職場の上司や同僚、部下との関わり、取引先やお客様との関わり。家族の1人ひとり、また子どもの友だちの家族、学校の先生や保護者とのつながり。地域社会でのボランティアやサークルでも、様々な人たちと関わっている。

そして、それらの人々とのつながりの中で、様々な出来事・事態（カオス）と向かい合っているのです。部下と共に取引先にある問題と向かい合う。主婦であれば、ご主人や子どもたちと共に、祖父、祖母の介護という事態と向かい合う。

これらの縁ある人々と出来事（カオス）のネットワークを、「命作網」と呼びます。

あなたの「命」が「作」る「網」の目――「命作網」。

「命作網」とは、自分という存在（「命」）が、この世界に対してどのような「作」

用を持ち、それが網の目として、どのように周りに広がってゆくのかを見つめるまなざしです。

それは、私たちの「命」が果たさなければならない「使命」の地平を見せてくれます。

「命作網」は、私たちが魂の存在として、人生に託されたミッションを果たすための「使命のネットワーク」でもあるのです。

では、**もし、そのネットワークからあなたが消えてしまったら、どうなるでしょう。**

あなたがいなくなれば、一瞬にして消えてしまうものがあります。職場も家庭も、友人関係も、地域の活動も、今と同じではあり得ません。

それは、あなたがすでに示している「存在理由」――「使命」の現在地とは言えないでしょうか。

逆に、あなたの場所に、最高の人間性と智慧を抱いた人物が現れたらどうでしょう。

そこには、今以上に大切なもの、本質的なものが現れ、今以上に広大で緻密なネットワークが広がるはずです。

それは、あなたが未来にめざすべき「存在理由」――「使命」の未来を示しているとは言えないでしょうか。

「命作綱」＝「使命のネットワーク」は、私たちの「使命」の現在地と未来を指し示すものなのです。

心の中で「使命のネットワーク」を思い描くだけではなく、できれば、実際に紙の上に描いてみてください。あなたの「使命」の現在地と未来を再発見する手がかりになるはずです。

魂の力が生み出した「使命のネットワーク」

池島から始まった江川さんの人生――。もし、あのまま池島の重荷に苦しめられていたら、どうなっていたでしょう。

江川さんの人生は、父親の死をきっかけに、またたく間に「宿命」の色彩を帯びてゆきました。「こうだったから、こうなってしまった人生」の現実です。

もし、あの重荷の中に閉じ込められたままだったら、今、江川さんの周囲に広がっている命作網・使命のネットワーク（図15）は生まれていないということです。学生

江川恵子さんの使命のネットワーク

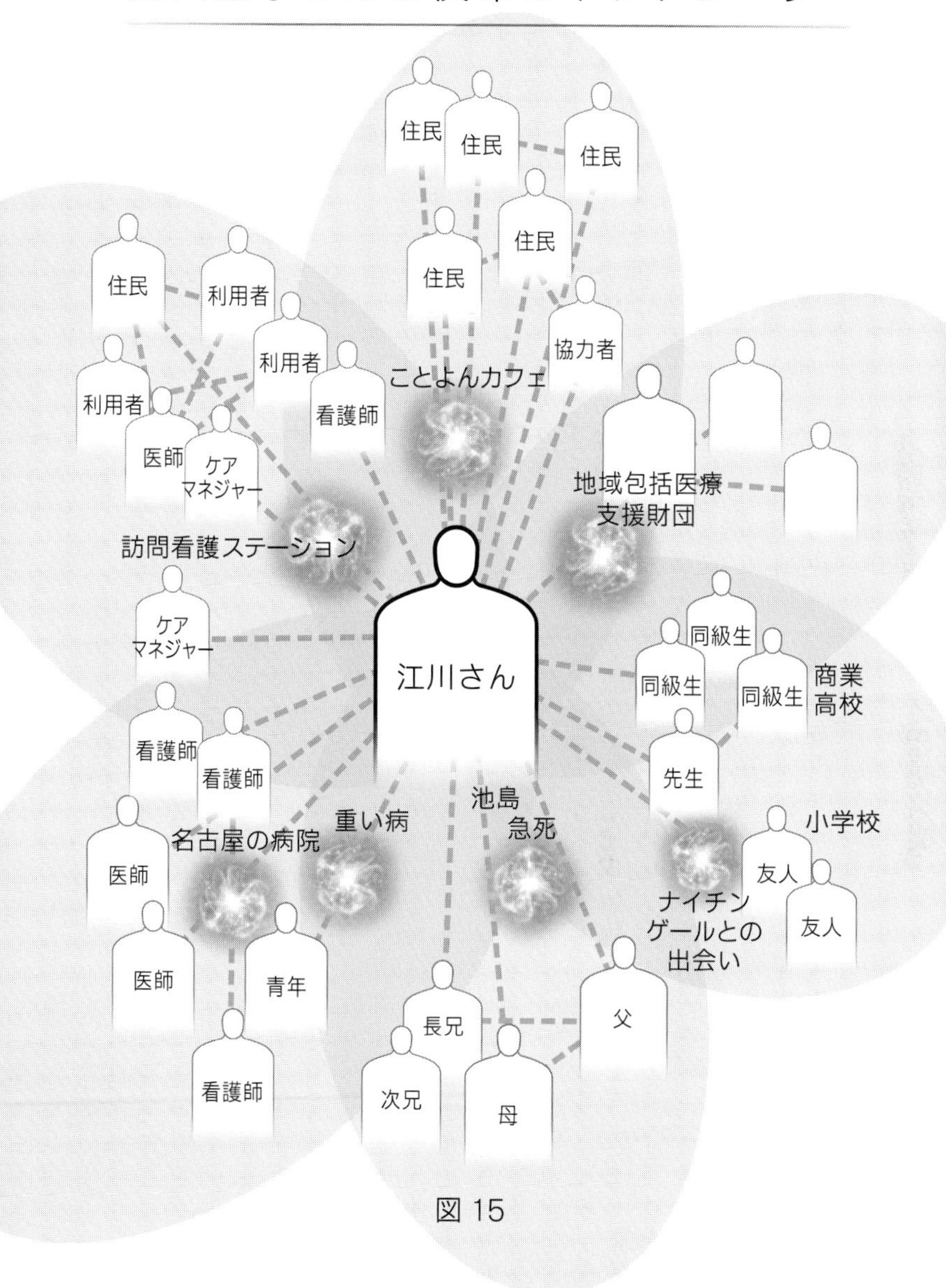

図 15

時代や名古屋の看護師のつながりも、トータルライフ医療や訪問看護ステーションのつながりも、地元浅草でのつながりも、現れることはなかった……。

しかし、江川さんは、そこから脱出しました。名古屋で頑張り、「できる看護師」としての自信を勝ち得ました。

ところが、いつの間にか過信に陥り、東京で失敗に次ぐ失敗を経験し、挫折。

2年間の鍛錬を経て、改めて看護の願いを確かめ、再びチャレンジ。それこそは、江川さんが自らの深奥にある「魂」の中から引き出した力でした。「こうだったけれど、こうなれた人生」を超えて、さらに「こうだったからこそ、こうなれた人生」へ、使命へのジャンプを果たしました。

そして、これらの歩みを推し進めた最大の契機が、「魂の学」との出会いだったのです。

私が江川さんと初めてお会いしたのは、今から27年前、私が、「魂の学」を学んでいたある青年の病室をお見舞いしたときのこと。青年はすでに癌の末期で、余命いくばくもない状態でした。その病室で青年を看護していたのが江川さんでした。

当時は「魂の学」も何も知らなかった江川さん。一緒に働いていたドクターから、私のことを何度か聞いていたことがあり、「もしかして、あれは高橋先生だったのかしら?」と思ったそうです。それが最初の出会いでした。

その後、病状は進行し、青年に残された時間はごくわずかになりました。しかし、青年のたっての願いで、最後に八ヶ岳山麓で開催される「かけ橋セミナー」(160ページ参照)に参加することになったのです。江川さんは、彼の付き添いの看護師として、思いがけずセミナーの場に来ることになりました。

そこで、江川さんが見たこと、体験したこと——。

青年は、口に呼吸器のチューブをつけてストレッチャーに寝たまま、会場の一番後ろで私の講演を聞いていました。講演の中で私は、青年のことを少し紹介しました。重い病を抱えながら、やってきた青年がいる。青年は、命に代えてもこのセミナーで確かめたかったことがある。そして今、人生の課題に懸命に取り組んでいる……。講演が終わると、子どもたちが青年の周りに集まってきて、皆で青年を励ましたのです。その波はどんどん広がって親御さんまでもが励まし、最後は、参加者全員で気持ちを交換し合う——。そういう場が生まれたのです。

チューブがあって話もできない。身体の力もなくなっていた青年が、手を合わせて

1人ひとりに感謝の気持ちを示す。
もっとも深い苦しみの中にいるはずの青年が、こんなに輝いている。
江川さんの心は震えていました。「こんな世界があるのか!?」と思ったのです。
当時の江川さんは、看護師になったものの、次の目標を見失い、看護師の仕事を続けるか、それとも故郷へ帰ろうかと考えていたときでした。お付き合いをしていた人もいたため、結婚を意識することもありました。

人は、願いを見出し、それに応え始めても、階段の踊り場に踏みとどまってしまうときがあるのです。しかし、そのとき江川さんは、見たこともない世界に触れたことで、すべてが吹き飛んでしまったのです。

江川さんが人生の最初に抱えざるを得なかった苦しみは、差別でした。この世界はどうあがいても思うにままならない。絶望的な格差。

その気持ちは心の奥深くに沈殿し、確固としたものになっていました。

しかし、江川さんがセミナーで体験したのは、人と人が本当の絆で結ばれている現実。たとえどれほど違いがあっても、平等な存在として結ばれる世界がある——。

「私はこういう世界をつくりたかったんだ!」

看護師としてはたらく場も、そういう絆の世界の中で私が引き受ける場所。その想いのエネルギーが、それからの江川さんの人生を導いてきたのです。

生い立ちの中で格差と差別に苦しんだ江川さんだからこそ、誰をも等しい存在として受けとめる、人間を魂と見る看護によって、隠れていた絆を取り戻す――。

それこそが、江川さんが「そこで生きる理由」です。

そんな人生の核心――確信が生まれたからこそ、江川さんの命作網、使命のネットワークは次々に広がってゆきました。

地元の患者さんたちの信頼、地域での共感。それまでどこにもなかった認知症予防カフェを生み出し、活況をもたらしたこと。地域包括ケア支援財団を通じてのご縁、「日本版ビュートゾルフ」という評価と反響。そしてそこから生まれる新たなつながり。

江川さんの使命のネットワークは、確固とした輪郭を持ち始めたのです。

21世紀のクリミアへ

江川さんは、壮大な、ひとすじの人生の物語を紡いできたと言っても過言ではあり

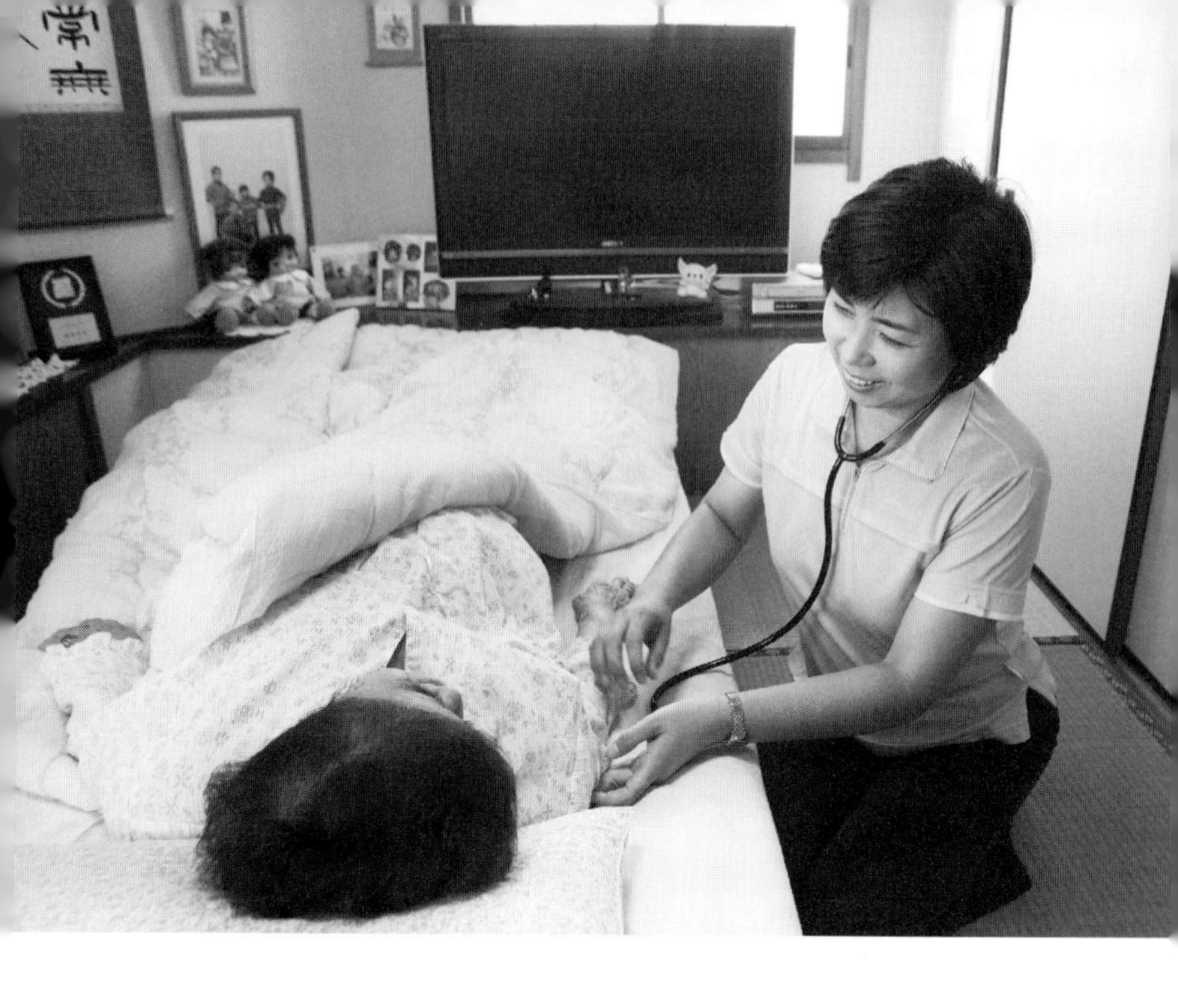

まるで見えない力に導かれるように看護師となり、その後、自ら訪問看護ステーションを立ち上げ、全国初の認知症予防カフェを開いた江川さん。その歩みを支えているのは、「つなぎたい」「支えたい」「癒やしたい」という魂の願い——。自らの魂の声を聴くことができるようになった江川さんは、その魂の願いを果たすためにこそ看護師という仕事があるのだという深い実感がある。

ません。

彼女から見える世界の風景は、大きく変わっています。幼い頃、池島の生活の中で見えていた風景。名古屋で看護師として歩み始めた頃の風景。そして、今、地域を守る訪問看護ステーションの所長として、心に映っている風景……。

なぜ、その風景が大きく変わったのでしょうか。

それは、江川さんが自分の魂の声を聴くことができるようになったからです。

小学校のとき、ナイチンゲールの本を読み、その情景がイメージとは思えないほど生々しく目の前に広がりました。どうしてこんなに強烈な印象を与えるのか、なぜこれほど惹かれるのか、当時はまったくわかりませんでした。

その後、江川さんは、長い歳月をかけて、数え切れない出来事の中で、自分の本心を確かめ、心の深奥に息づく願いを確かめてきました。

今なら、あのナイチンゲールとの出会いの衝撃が、心の奥深く、魂の次元からやってきたものであることがわかる。魂は、確かにあの時代、あの場所とつながりを抱いている。

その江川さんがこれから立ち向かわなければならないのは、多くの高齢者が絆を失って、不安と孤独に生きることを余儀（よぎ）なくされている日本の現実です。まさにそれが、江川さんにとっての「21世紀のクリミア」にほかなりません。

そして、「21世紀のクリミア」を抱（いだ）いているのは、江川さんだけではありません。あなたの内側にも、あなたの人生を牽引（けんいん）する願い、青写真、目的地が必ず刻（きざ）まれています。それを人生の「使命」として引き出すことができるかどうか――。それはあなたがどれだけ内なる魂の声を聴き、それに応（こた）える歩みを現実世界で続けられるかにかかっています。

江川さんが人生を通じて、自らの「21世紀のクリミア」を見出（みいだ）していったように、「魂」の目的地をあなたが発見することができますように――。その歩みは、もう始まっているのです。

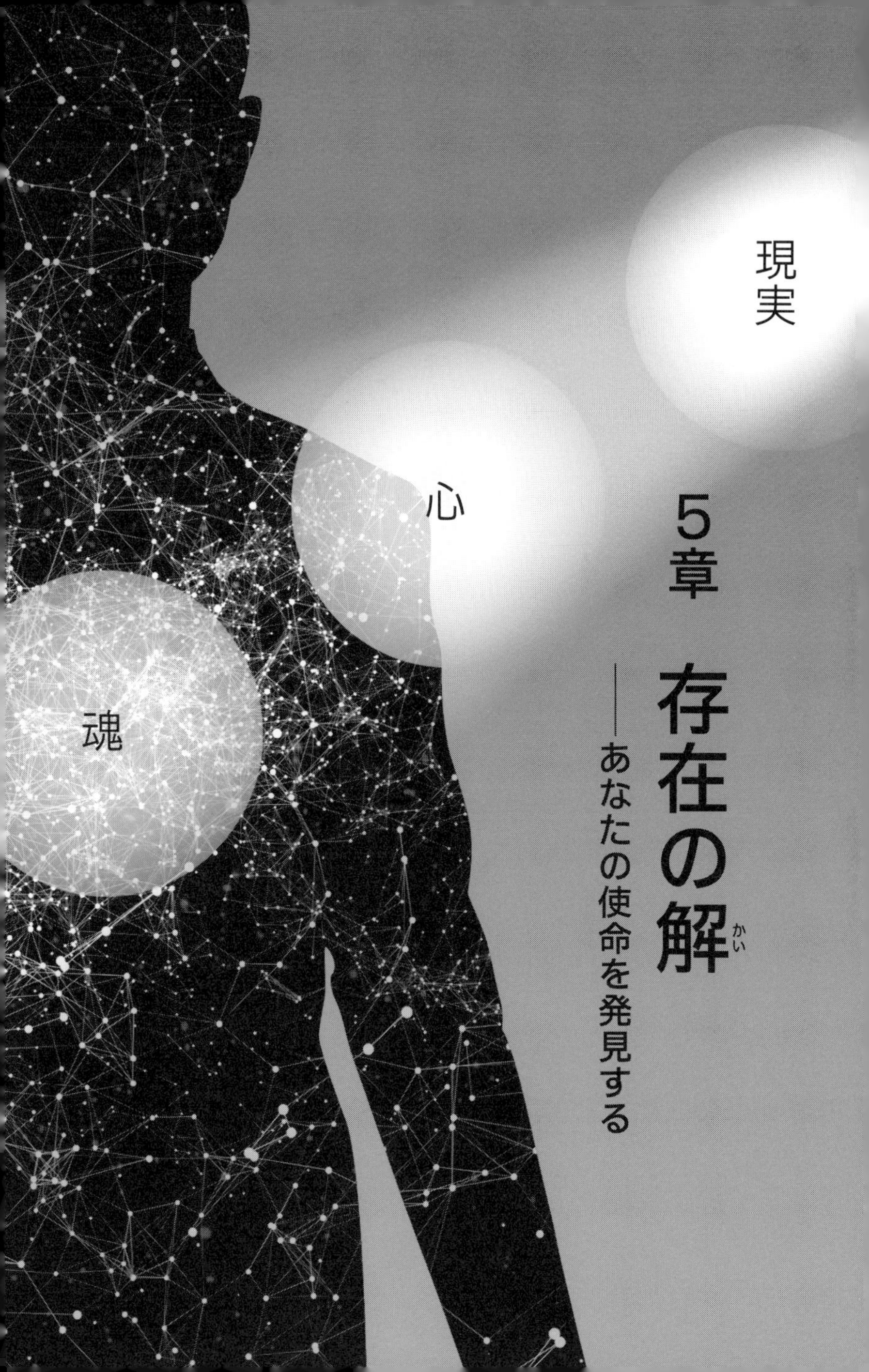

5章　存在の解（かい）

――あなたの使命を発見する

独りぼっちに思えても
人は孤独ではない。
孤立無援に感じても
見えないつながりがあなたを支えている。
人間の「命」とは、
「物質」「生命」「心」「魂」の次元を貫いて
縦横無尽に張り巡らされた「つながり」の力のことである。
それを使って世界に応えるとき
人は、宇宙と一体になって
「使命」を果たす人になるのである。

「使命の本」——唯物的人間観・世界観への問い

いよいよ最終章です。

「この本はどういう本なのか?」と聞かれたら、私は、「使命の本です」と単刀直入にお答えしたいと思います。

しかし、どうでしょう。多くの人にとって、「使命」は馴染みが薄く、身近に感じられないものではないでしょうか。

「自分の人生にそんなものがあるとは思えない」

ここまで読み進めてくださった読者の中にも、そう感じている方もいらっしゃるかもしれません。

それは、すでに述べてきたように、私たちがこの時代の中で漠然と抱いている人間観・世界観が、唯物的、物質的なものだからです。

今日、多くの人々が信頼する科学は、基本的に、人間も含めたすべての事象を物質に還元して説明し、分析します。すべてを物質の次元に落とし込んで理解しようとするのです。

もちろん、それが有効な場合も数多くあります。しかし、本来は対象にならないものにまで、私たちはそのフレームを当てはめようとしてしまうのです。

物質的な世界観の中では、生命は遺伝子に基づく分子の結合と分離の組み合わせであり、心も脳細胞の活動として説明され、目の前の出来事も、物質とエネルギーの偶然の作用によって起こっている。人間は根本的に物質の集積とみなされるのです。

つまり、私たちが私たちになったことは偶然であり、人間として生きていることには意味や必然はない。

しかし、生きていること自体に意味がないとしたら、何をやってもいいし、やらなくてもいいことになります。こうしてはいけないということもなければ、こうすべきだということもない——。

人類が長い歴史の中でようやく培ってきた人権思想や平和主義、国際協調主義も、何の意味も価値もないことになってしまいます。

本書のプロローグで、私たちの社会は、「誰でもいい社会」に向かっていると言いました。それどころか、もし私たちが皆、本当に物質的な人間観・世界観に従って生きてゆくなら、「どうでもいい社会」「何でもありの社会」になってしまうということです。

そこに深いニヒリズムが横たわることは、避けようがありません。そればかりでなく、何をしてもいいなら、自分中心のエゴイズムがはびこることは必至です。

「自分のやりたいようにやりたい。そうしてどこが悪い？　人に迷惑をかけなければ何をやってもかまわない。いや、迷惑かけたっていいじゃないか。それがどうしたというんだ」と開き直ることもできる。そんなふうに開き直れるのは、生きることに何の意味も見出せなくなっているからです。

そして、それはすでに現実になっているのではないでしょうか。

子どもたちがいじめによって友だちを傷つけ、援助交際によって自分の性を切り売りしても自分の勝手。社会のルールを守らなくても、選挙権を放棄しても、自分１人くらい関係ない。

グローバル企業が租税回避地を使って、本来はそれぞれの地域で支払うべき税金をほとんど払うことがなくても、法律に触れなければ問題ないとうそぶいている。

北朝鮮が核開発を進め、ミサイル発射実験を繰り返して自国の正義を主張し、クリミア併合のロシアや南沙諸島進出の中国も国際法を無視しての強行をはばからない。

こんなニヒリズム、エゴイズムがあふれるのは、物質的人間観・世界観の宿命です。

人間原理宇宙論——人間は生まれるべくして生まれてきた

しかし、宇宙の真実は、まったく異なる見解を私たちに突きつけるのです。

「人間原理宇宙論」という言葉を聞いたことがありますか。

1961年にアメリカの宇宙論学者ロバート・H・ディッケは、宇宙の年齢がなぜ100億年程度なのか（現在は約138億年と考えられています）という疑問に対して、それは偶然ではなく、その答えを生み出せる知性体が生まれるのにそれだけの時間が必要だったからという結論を導き出し、それを「人間原理」と呼びました。

もし、宇宙の年齢が現在の10分の1以下であれば、重元素が十分に組成されることがないため、惑星や生命は誕生することがなく、また年齢が10倍以上であれば、星がほとんど死に絶えているため、知的生命体は存在し得ないと示したのです。

私たちの宇宙は、実に精緻なしくみによって成り立っています。生命が存在し、人間が存在するために、まさに奇跡的なバランスが保たれているのです。

もし、宇宙定数と呼ばれている数値がわずかでも現在のものと違っていたら、人間のような知性体は出現していない。ところが、その宇宙定数は、素粒子物理学が予想する自然な値よりも１２０桁も小さいというのです。まるで人間を生み出そうとする意図がそこにあるかのようです。

また、他の物理定数も、生命が存在するために実に好都合の値になっています。たとえば、「強い力」が現在の値よりも少しでも大きければ、宇宙初期において水素はすべてヘリウムに変わってしまい、水もできず生命もできない……。生命が生まれず、人間がいなければ、宇宙そのものが認識されることもなく、宇宙は存在しないことになってしまうのです。

つまり、**人間はただ偶然にそこにいるのではない。人間は生まれるべくして生まれてきたということなのです。**

それは「人間原理宇宙論」に限った話ではありません。

そもそも、偶然の事象の連なりの結果、宇宙の中の地球という星に生命が誕生し、さらに偶然が重なる中で人間という知的生命体が生まれてきたと考えるには、あまりにも奇跡的な状況が何度も連続して起こることを想定しなければなりません。

そう考えるよりも、私たちの宇宙自体が、様々な生命や意識を持つ人間を誕生させ、壮大な進化をめざしていると考えた方がずっとシンプルで無理がない――。私はそう思うのです。

張り巡らされた「つながり」の世界

それは、人間と世界・宇宙が、いかに密接なつながりを抱いているか、そのつながりがいかに重要かということを示しているのではないでしょうか。

本書の1章から4章に登場した4人の方の人生の足跡が、いずれも「つながり」「絆」という事実を示していることに気づいた方もいらっしゃるかもしれません。

人生の転換に、そして人生のミッションとして、「つながり」「絆」が共通して現れるのはなぜなのか――。

付け加えるなら、40年来、私が出版してきた著書のすべてにおいて、見えない「つながり」、次元を超える「絆」、一切のものを結びつける網の目、全体を1つにつなぐ糸など、「つながり」「絆」を重要なテーマとして取り上げてきたのは、なぜなのでしょう。

それは、それが私たちの世界、宇宙の本質だからです。

この世界・宇宙に張り巡らされた「つながり」をどう感じ、どう認識し、それにどう関わり、どう応えてゆくのか――。

「つながり」を再発見し、その「つながり」の一部となって生きることこそ、私たちの使命（ミッション）と言っても過言ではないのです。

ここで、「1人ひとりが1日1日を生きている」という事実に目を向けてみましょう。

言うまでもなく、それは普段は気にもとめない当たり前のことです。しかし、考えてみるなら、その1つの事実に信じがたいほどの「つながり」が存在しています。

まず、私たちの肉体には、実に緻密な階層構造があります。循環器系、呼吸器系、消化器系、免疫系、内分泌系……等の器官系。その下には、組織、さらには胃、肺、耳、心臓、肝臓、腎臓、脳、子宮……等の器官。その下には、37兆個と言われる細胞があります。細胞も1つの意識体と言われるほど、部分であると同時に全体です。DNAが格納された1つ1つの細胞は分子によって構成され、分子は原子によって構成されます。

それぞれのレベルをつくる細胞、組織、器官、器官系がつくりあげているシステムのあまりの見事さは、言葉で表現することができないほどです。

しかも、この階層構造は、単に部品が組み上げられたものではありません。各階層の間には、部分と全体の関係が存在し、ミクロからマクロ、縦横無尽の精妙な相互作用と交流によって、全体が1つになっているのです。

そして、私たちの生命活動が成り立つのは、生命体内部のはたらきのみならず、地球の生態系が調和しているからです。微生物から植物、草食動物から肉食動物まで、惑星全体に生きている生命体が織りなす壮大な食物連鎖のシステムがそれを支えています。

さらに、この地球の生態系が持続するのは、太陽系の惑星の運行、銀河宇宙の均衡によって守られているからです。その精緻で膨大なつながりの中で、私たちの1日は営まれている――。それが事実なのです。

私たちが日々、人生からの呼びかけを聴き、自分にしか果たせない使命に応えるという歩みは、生命体を含めた、これら外宇宙の「つながり」に加えて、それ以上にも精緻な、私たちの内面に広がる内宇宙の「つながり」に応えて生きるということ――。

1章で少し触れたように、その張り巡らされた「つながり」を生み出し、支えているのが、大いなる存在――サムシンググレート、宇宙意識、神と呼ぶべきもの。私たち1人ひとりは、その「つながり」の一部となって、大いなる存在との呼びかけと応えを繰り返しながら、自らの進化を果たし、全体の進化に貢献する――。

それが、「魂の学」の世界観にほかなりません。

宇宙を形づくる「物質」の次元から、森羅万象の「生命」の次元、人間の内界に広がる「心」の次元、さらにその奥にある「魂」の次元まで、内から外に、外から内に連綿とつながり、全体が1つとなって進化をめざしているのです。

「命」の使い方がある

ここで、「魂の学」の世界観を土台に、改めて私たちの「使命」について考えてみたいと思います。

「使命」とは、天が「使」わした「命」ということです。

「使命」は、言い換えれば「天命」――。すべての人間には、大いなる存在、神様

から命じられた「人生の仕事」があるということです。

そしてもう1つ。「使命」という文字は、「命」を「使」うと読むこともできます。1人ひとりに宿った「命」を使って、初めて私たちは自らの「使命」に応えることができるのです。

「命」は、1人の人間に1つです。他の誰の「命」とも交換できなければ、貸し借りもできない。

あなたの「命」は、あなただけのものにほかなりません。

では、「命」とはいったいどのようなものでしょうか。

「命」とは、世界に影響を与えることができる力です。

「命」があるから、自分の考えを他者に伝えることができ、他人の考えを変えさせることもできます。新しい思想を世に問うことも、これまでになかった創造物を世界に生み出すこともできます。

「命」とは、「世界・宇宙＝『物質』『生命』『心』『魂』」に影響を与える力。つまり、私たちが生きている間だけ使える、内外宇宙に張り巡らされた驚くべき「つながり」の力にほかならないのです。

使命に応えるためには、私たちは、自らの「命」の本当の姿と、その「命」の使い方に目覚めなければなりません。

しかし、どうでしょう。多くの人たちは、自分に与えられたその「命」を矮小化して受けとめ、その使い方にもほとんど無関心でいるとは言えないでしょうか。

知ってはいるがわからない

「使命」を見出す歩みとは、自らの「命」の使い方を発見する道行きです。

人生の始まりにおいて、自らの「命」の使い方を理解している人は皆無と言ってよいでしょう。

しかし、ここで大切なことは、わからないからと言って、それを知らないわけではないということです。

わからないけど、知っている——。知ってはいるが、わからない——。

それが「命」の使い方におけるミステリーなのです。

皆さんの中で、ご自身の人生について、こんな感じを持っている人はいませんか。

どうしても捨てられない願いがある。

適当には見過ごせない強いこだわりがある。

なぜ、その「願い」から離れられないのか。

なぜ、その「こだわり」に立ち止まってしまうのか。

それは、あなたが、そこに自らの「命」の使い方に関わる「何か」があることを知っているからです。


でも、その「何か」が何であるかは、今、この時点ではわからないのです。


私たちの人生とは、そのような摩訶不思議な営みです。

これからお話しする方の人生は、まさにその人生の不思議さを伝えています。

ＤＣＭカーマ会長の鏡味順一郎さん、92歳。

鏡味さんは、１９８０年代、まだ日本にはホームセンターがなかった頃にホームセンター・ＤＣＭカーマを創業し、そのチェーン化に成功しました。その後、同業企業との合併によって、ＤＣＭホールディングスを設立。

ＤＣＭホールディングスは、カーマをはじめ、３つのホームセンターチェーンが合併してできた持株会社です。競争の激しいホームセンター業界でその後も合併を進め、現在、売上げシェア第1位。今やその店舗数は、日本全国に656店舗を数えるまでになっています。平日の午後、「暮らしの夢をカタチに・DCM」というテレビのコマーシャルをご覧になったことのある方も少なくないでしょう。

長年にわたって「魂の学」を学び実践してこられた鏡味さんは、92歳の今も現役の経営者です。

不本意な選択

しかし、鏡味さんは、決して自分の望み通りに人生を歩んできたわけではありません。

1925(大正14)年、愛知県で薬屋と雑貨店を営む家に生まれた鏡味さんは、人情に厚く借金をしてまでも人の面倒をみるような父親と、いつも明るく闊達だった母親の下で、大勢の兄弟と共に育ちます。

「エジソンのような発明家になって、いつか世の中のためになりたい——」

鏡味さんは、そんな未来を夢見ていた活発な少年でした。

20歳のとき、第2次世界大戦の終戦を迎えます。日本中が大きな打撃を受けて打ちひしがれ、物資も不足し、日々の生活に困窮する人々であふれていた時代です。

その中で、鏡味さんは、幼い頃からの夢に向かって、大学で研究者の道を歩み始めます。

ところが、事態は急変します。

突然、兄が結核を患い、代わりに実家を継ぐことを求められたのです。

自ら願ったのは研究者の道。正直言って、商売の道は嫌でした。

「商売は、人を言葉で絡め取る汚い仕事。自分は研究者になって、人の役に立つ清い仕事をしたい」。そう思っていたからです。

しかし、その想いを貫くことは許されませんでした。

母親の説得もあり、もともと責任感の強かった鏡味さんは、結局、夢を断念。家業を継ぐことを決意しました。商売に対する抵抗感を心の隅に押し込めて、一家を養うために、結婚と共に商売の道に入ることになったのです。

始まりにあった「大きくなりたい」

終戦直後の復興の時代、サラリーマンでは一家を養うことは困難でも、商店なら、それが可能でした。

特に、調剤ができる鏡味さんがいる薬局は繁盛しました。安価な材料で手間をかけてつくった膏薬は、飛ぶように売れました。鏡味さんは「他の薬局もこうすればいいのに」と思っていましたが、その手間を惜しんでか、よそで追随したところはなかったというのです。

やがて鏡味さんは、薬局の多店舗展開（チェーン化）を構想するようになります。

それは何とも不思議なことです。

商売は嫌い。自分は研究肌の人間――。ずっとそう思ってきた鏡味さんです。だとしたら、普通なら、店舗の規模を拡大するという商業的努力ではなく、薬剤の実験研究や新薬の調合・開発に興味が向かうはずです。そのことにもっと挑戦してもよかったと思うのです。

もともとエジソンに憧れていた鏡味さんは、実際、薬局に慣れてくると、研究者として培った様々な工夫や改善を重ねていたところでした。

しかし、鏡味さんは、何にもまして、なぜか薬局をチェーン化することで店舗の規模を「大きくしたい」と願い、「大きくなること」にこだわりを持ったのです。

「大きくなりたい」の続き

ところが、現実は思うようにならず、店舗数は希望通りには伸びませんでした。当時、先発の薬局チェーンがすでにいくつか存在し、将来の成長がそれほど見込めなかったことも明らかになりました。

鏡味さんは、事業について改めて考えなければならなくなったのです。

新たな事業に活路を求めた鏡味さんは、視察のためにアメリカに向かいます。

そこで出会ったのが、「ホームセンター」でした。

生活・ライフスタイルを豊かにする様々な品物が揃ったお店。

それは、「未来の生活」を映し出しているようでした。

それとともに、アメリカの大手ホームセンターの規模に圧倒されたのです。

ここでもまた、異国の地で見たその業態は、鏡味さんの中にあった「大きくなりたい」という願い、「大きくなること」に対するこだわりの琴線に触れることになります。

「これだ！　これからの日本にこういう店が必要になる！」

そう直感した鏡味さんは、帰国後、ホームセンターの創業に着手します。

清廉なる経営者

冒頭にお話ししたように、鏡味さんは実際に、「大きくなる」というその夢を実現させてゆきます。

わが国で有数のホームセンターチェーンを創業し、それを拡大したばかりでなく、合併という手段によって、さらに会社を大きく発展させたのです。ＤＣＭホールディングスは、ホームセンターでは全国シェア・ナンバーワンです。

大きくなる――。その願いを達成した鏡味さん。創業者の１人として、自社の株主であり、取締役会の重鎮であり、資産家であるはずなのに、不思議なことに、鏡味さんの生活は本当につつましく、きわめて簡素なのです。

一貫して贅沢とは無縁の生活。小さな家に、ポンコツの車。自分で運転していたときは、大衆車のカローラに乗っていました。高齢のため車の運転がむずかしくなると、つい最近まで、毎朝、電車で通勤していたのです。

鏡味さんが、大企業の経営者でありながら、ステイタスや贅沢に微塵も関心を示さず、いつも「自分にできることは何だろう」と考え続けてきたこと。それは、口で言うほど簡単なことではありません。

そんな鏡味さんの魂の品格とでも呼ぶべきものについて、私はつとに感じ入ってきました。

魂は知っているが心はわからない

物欲に対してもっとも清廉な心を抱いている鏡味さんが、「大きくなりたい」という気持ちに突き動かされたのは、なぜでしょうか。

大きくなること――。実は、鏡味さんの魂は、それが自らの「命」の使い方につながっていることを知っていたのです。しかし、なぜ大きくなりたいのか――。その理

由はわからなかった。

知ってはいるが、わからない――。それは、自らの命の使い方について、「魂」は知っているが、「心」はその理由がわからないということなのです。

「命」の使い方が本当にわかるとは、「魂」の中に息づく情動を、「心」が受けとめ、翻訳できるようになることにほかなりません。

「魂」の中に内在されたその「理由」を「心」が理解できるようになるためには、人生をかけた探求が必要とされるということです。

商売の道と人の役に立つ道

「魂の学」と出会った鏡味さんは、その「理由」を探る道を歩んでゆくことになります。

鏡味さんにとって大きかったのは「人間を目的にした経営」という考え方に出会ったことでした。

企業の目的は利潤を追求すること。それは、経営の世界では常識以前の常識でしょう。しかし、「魂の学」では、そうではありません。

利益とは何か。何のための利益か。それを深く掘り下げた上で、「人間を目的とした経営」を掲げているからです。

経営を通じて何よりも果たされるべきは、経営者も社員も、そこに関わるすべての人々が魂として成長すること。皆に本当の歓びをもたらすこと——。

鏡味さんは、心の底から納得しました。「儲けを上げる商売の道と人の役に立つ道を1つにできる。これこそが自分が歩む道だ」。今までずっと抵抗を感じていた商売の道に、新たな光が射し込んだことを感じたのです。

つながりの次元への接続

なぜ、あれほどまでに大きくなりたかったのか——。鏡味さんは、いつしか、その「理由」を得心してゆかれます。

会社を大きくすれば、大きくしただけ、たくさんの雇用を生み出し、その人たちの生活を支えることができる。多くの人を雇い、多くの人を幸せにしてあげられる。

鏡味さんにとって、大きくなること、大きくすることは、「命」の力、すなわち、「つながり」の力を大きく、最大限にすることだったのです。

それは、鏡味さんがこれまでの人生の中で確かめてきた願いです。

鏡味さんの中に一貫している想いがあります。学究の日々を送っていたときも、家業を継いだときも、アメリカでホームセンターに出会い、それを日本でも始めようと奮闘したときも、常に心に脈打っていたもの――。それは、「社会に貢献したい」「人々のためになることをしたい」という願いでした。

鏡味さんは、自らの「命」の使い方をはっきりと自覚するようになってゆかれます。

そして、人間がその「命」の使い方を見出したとき、その人の「魂」は、世界とのつながりを結び直すことになります。

張り巡らされたつながりの次元に、その「魂」が接続されるのです。

そのとき、その「魂」には、例外なく、「宇宙との響働」の徴が現れます。

響働とは、共に響き合い、本来のはたらきを発揮してゆくこと。

その結果、まず心が元気になります。

内界に、生きる活力を生み出すエネルギー源が生まれるのです。

外界の変動にも強くなります。試練の中にあっても、心は動じず、それでいてしなやかなみずみずしさを保ちつつ、本当の意味での不動心が生まれるのです。そして、何よりも自らの深奥に抱く願い――魂の願いに対して、率直に、集中してそれを求めるようになるのです。

83歳の挑戦

鏡味さんの人生には、はっきりと、その「宇宙との響働」の徴が現れています。

現在、鏡味さんがもっとも力を入れているのが、プロショップ・ホダカ。プロの職人さんをターゲットにした専門店チェーンです。

「ホダカで一番大切にしたいのは、職人さんにいい仕事をして輝いていただきたいということ。そのために、本当にいい道具を使ってもらうこと。そうして初めていい仕事ができる」

鏡味さんがプロショップ・ホダカを起業したのは9年前、何と83歳のときでした。

専門道具の圧倒的な品揃えと在庫の豊富さで、またたく間にユーザーの人気を博し、順調に成長して、すでに29店舗に達しています。

鏡味さんは、これまでの人生で、すでに膨大なものを生み出し、世界に対して多くの影響を与えてきました。周囲の人たちも、もはや鏡味さんにそれ以上のことを望んではいなかったでしょう。

しかし、驚くべきことに、鏡味さんは83歳にしてなお、新しい人生の挑戦を始めてしまったのです。

そのエネルギーはどこからやってくるのか――。それは、つながりの次元からもたらされるのです。

世界への貢献

「命」とは、世界に影響を与えることができる力であるとお話ししました。

命の使い方を考えるとは、自分が世界にどう貢献できるのか、今より素晴らしい世界をどう生み出すことができるのか――。それを考え、実践することです。

鏡味さんの83歳のチャレンジは、まさに、その探求にほかなりません。

プロショップ・ホダカにて、商品の説明をする鏡味さん。ホダカは「生涯現役、定年なし」を掲げ、社員には第一線をリタイアした職人や専門家がいる。「社会に貢献したい。人々のためになることをしたい」という願いとともに、「老いは余生ではない。人間にとってかけがえのない進化・成長の季節」という「魂の学」の人間観にインスピレーションを得たことが、鏡味さんを83歳にしてホダカ創業に駆り立てた原動力となった。

実際に、プロショップ・ホダカの起業の背景には、現代社会が抱える様々な問題に一石を投じたいという鏡味さんの想いがありました。

たとえば、鏡味さんはこのように語っています。

「地球環境問題の主な原因の1つは、資源・エネルギーの使い過ぎではないかと思います。今の日本の住宅は30年平均で建て替えです。仮に200年住宅を1戸建てれば、6軒分の膨大な資材、エネルギーの節約になります。ですから、職人さんがいい仕事をして、丈夫で長持ち、美しい住宅をつくる。長持ちした分、環境にも貢献できるのです」

さらに、プロショップ・ホダカの社員には、第一線をリタイアした職人さんや専門家を積極的に採用しています。鏡味さんは、ホダカを「生涯現役、定年なし」の会社として立ち上げ、育てようとしているのです。

会社の業態もユニークですが、こうした雇用に対する考え方は、超高齢社会を迎えるわが国にとって、先駆的な意味を持っています。

鏡味さんにそのインスピレーションを与えたのは、「魂の学」を学ぶ「豊心大学」という場でした。「豊心大学」は、65歳以上の方を対象として、その世代だからこそ果たせる人間の成長や「使命」について学び、実践してゆきます。

私たちの社会には、青年期から壮実年期を「生産年齢」と呼び、その時期を人生の最盛期と捉え、それ以降の熟年期、老年期は「余生」とする人生観が広く浸透しています。

しかし、「魂の学」はまったく違います。

そうした肉体的な活動能力に基づく人生観に対して、永遠の生命観に基づく新たな人生観を唱えるのです。

人間は、永遠の生命・魂であり、人生の目的は、魂の進化・成長にある。それゆえ、熟年期、老年期も他の人生の季節と何ら変わりなく尊いものであり、決して「余生」などではあり得ない。老いの季節は、人間にとってかけがえのない進化・成長の季節である――。

その考え方を体現、現実化したのが、プロショップ・ホダカなのです。

人生のミステリーが解決されるとき

今、鏡味さんの心は、ますます元気に輝いています。つい先日お会いしたときも、「先生、１００歳を超えてもまだまだ頑張ります」と微笑んでいた鏡味さん――。

鏡味さんと最初に出会ったのは40年近く前。以来、私は、鏡味さんの人生に伴走させていただいてきました。大きな転換と発展の時期も、試練のときも、いつも人生の岐路にお会いしては、進むべき道を一緒に尋ねてきた鏡味さんは、私の親友の１人にほかなりません。

実は、鏡味さんは、自ら望まなかった商売の道という運命を引き受けただけではなく、もう1つ、自ら望むことなく背負うことになった重荷――人生の条件があります。それは、幼くして中耳炎のために片耳の聴力がまったく失われてしまったことです。残る片耳の聴力も、年齢を重ねるにしたがって弱まり、しばらく前からは補聴器を手放せなくなりました。それは、人や世界を遠ざけるに十分な条件だったはずです。

しかし、その重荷に少しも負けることなく、人と世界に応え続けてきたのが鏡味さんなのです。

「GLA 八ヶ岳いのちの里」で開催された「魂の学」を学ぶセミナーで、研修の合間、自然の中で対話する鏡味さんと著者。92 年に及ぶ人生で、幾多の試練、思うにままならない現実に遭遇しつつも、「自分にできることは何だろう」と問い続け、今も新たな挑戦をしている鏡味さん。それは、魂に蓄積された智慧と力がはたらいているからこそできること――。著者からそう伝えられた鏡味さんの顔は、若き青年のように輝いていた。

その人生を牽引しているのは、魂の願いと「命」の力――。

鏡味さんは、張り巡らされた「つながり」と1つになって、世界に応えたいと思っています。「まだまだやりたいことがある！」とこれからの未来を見すえているのです。


鏡味さんの人生を改めて振り返ってみましょう。

「大きくなること」は、もっとも重要な人生の輪郭をつくり出していました。魂は、まるで大きくなることの必然を、人生の始まりから知っていたかのようです。

しかし、万人がそうであるように、鏡味さんもまた、なぜ自分の人生がその輪郭を描くのか、その理由はわかりませんでした。

知ってはいるが、わからない――。わからないにもかかわらず、知っている――。

私たちは、人生をかけて、命の使い方のミステリーを解かなければなりません。

鏡味さんは、そのミステリーを見事に解読しました。

なぜ、薬局の経営を始めなければならなかったのか。

なぜ、アメリカでホームセンターに出会ったのか。

なぜ、カーマの経営に情熱を燃やしたのか。

なぜ、持株会社をつくったのか。

そして、なぜ、あれほどまでに自分は大きくなりたかったのか――。


鏡味さんは、人生に生じたたくさんの「なぜ」の1つ1つに、答えを出したのです。

始まりにあって、「魂」は知っているそのことが、「心」ではわかりませんでした。

しかし今や、「魂」が発するメッセージを、「心」が読み解けるようになったのです。

鏡味さんの「魂」と「心」は、1つに結ばれました。

その上で、人生の輪郭の意味――なぜ人生をかけてその「現実」をこの世界に生み出そうとしてきたかの「理由」――が与えられることになったのです。


人生のミステリーを解読すると、私たちの「魂」「心」「現実」は、一直線に並びます。まさにそのとき、あなたは、本当の意味で、「あなたがそこで生きる理由」を知ることになるのです。

◎本書の内容をさらに深く知りたい方へ

本書の内容をさらに深く知りたいと思われる方には、高橋佳子氏が提唱する「魂の学」を学び実践する場、GLAがあります。
詳しくは下記までご連絡ください。

GLA
〒111-0034 東京都台東区雷門2-18-3　Tel.03-3843-7001
http://www.gla.or.jp/

また、高橋佳子氏の講演会が、毎年、全国各地で開催されています。
詳しい開催概要等については、以下までお問い合わせください。

高橋佳子講演会実行委員会
お問い合わせ専用ダイヤル Tel.03-5828-1587
http://www.keikotakahashi-lecture.jp/

著者プロフィール

高橋佳子（たかはし けいこ）

1956年、東京生まれ。現代社会が抱える様々な課題の根本に、人間が永遠の生命としての「魂の原点」を見失った存在の空洞化があると説き、その原点回復を導く新たな人間観・世界観を「魂の学」として集成。誰もが、日々の生活の中でその道を歩めるように、実践の原則と手法を体系化している。

現在、「魂の学」の実践団体GLAを主宰し、講義や個人指導は年間300回以上に及ぶ。あらゆる世代・職業の人々の人生に寄り添い、導くとともに、日本と世界の未来を見すえて、経営・医療・教育・法務・芸術など、様々な分野の専門家への指導にもあたる。魂の次元から現実の問題を捉える卓越した対話指導は、まさに「人生と仕事の総合コンサルタント」として、各方面から絶大な信頼が寄せられている。

1992年から一般に向けて各地で開催する講演会には、これまでに延べ130万人を超える人々が参加。主な著書に、『運命の逆転』『未来は変えられる！』『魂主義という生き方』『1億総自己ベストの時代』『希望の王国』『魂の発見』『新・祈りのみち』『あなたが生まれてきた理由』（以上、三宝出版）ほか多数。


あなたがそこで生きる理由（わけ）——人生の使命の見つけ方

2017年10月24日　初版第1刷発行

著　者　高橋佳子
発行者　仲澤　敏
発行所　三宝出版株式会社
〒111-0034　東京都台東区雷門2-3-10
電話　03-5828-0600　http://www.sampoh.co.jp/
印刷所　株式会社アクティブ
装　幀　鈴木守デザイン室

ISBN978-4-87928-120-3